위로
consolation

CONSOLATIONS:
THE SOLACE, NOURISHMENT AND UNDERLYING MEANING OF EVERYDAY WORDS
Copyright © David Whyte, 2019
All Rights reserved.

위로

2021년 7월 17일 초판 1쇄 펴냄
2024년 11월 29일 초판 4쇄 펴냄

지은이·데이비드 화이트
옮긴이·이상원
펴낸곳·도서출판 로만
편집·김소정, 강서윤, 김지영, 박다솜
디자인·정진아, 강해인, 이경숙, 정호진
마케팅·안효진, 황희진
전자우편·Romanbook202012@gmail.com

ISBN 979-11-973016-1-2 03840

값 16,000원

이 책의 한국어 출판권은 도서출판 로만에 있습니다.
저작권법에 의해 한국 내에서 보호를 받는 저작물이므로 무단 전재와 무단 복제를 금합니다.

저자 데이비드 화이트
역자 이상원

위로

―――――

일상의 단어들에 숨은 의미
그리고 위안과 격려

consolation

ROMAN
로판

단어들에게,

그리고 숨어서 아름답게 유혹하는 그 불확실성에게

이 책을 바친다.

차례

1. **혼자** ALONE — 11
2. **야망** AMBITION — 16
3. **분노** ANGER — 20
4. **아름다움** BEAUTY — 25
5. **시작하기** BEGINNING — 28
6. **속박** BESIEGED — 31
7. **근접** CLOSE — 36
8. **고백** CONFESSION — 38
9. **용기** COURAGE — 42
10. **위기** CRISIS — 46
11. **거부** DENIAL — 49
12. **절망** DESPAIR — 52
13. **운명** DESTINY — 58
14. **실망** DISAPPOINTMENT — 61
15. **용서** FORGIVENESS — 64
16. **우정** FRIENDSHIP — 68
17. **천재성** GENIUS — 72
18. **내어 주기** GIVING — 76
19. **감사** GRATITUDE — 82
20. **토대** GROUND — 85

21. 사로잡힘 HAUNTED	87
22. 비탄 HEARTBREAK	92
23. 도움 HELP	96
24. 숨기 HIDING	101
25. 정직함 HONESTY	105
26. 이스탄불 ISTANBUL	108
27. 기쁨 JOY	112
28. 외로움 LONELINESS	116
29. 갈망 LONGING	119
30. 성숙함 MATURITY	123
31. 기억 MEMORY	127
32. 이름 붙이기 NAMING	130
33. 향수 NOSTALGIA	132
34. 고통 PAIN	135
35. 평행 PARALLELS	139
36. 순례자 PILGRIM	142
37. 미루기 PROCRASTINATION	147
38. 후회 REGRET	150
39. 휴식 REST	152
40. 단단함 ROBUSTNESS	158

41. 로마 ROME	161
42. 도망치기 RUN AWAY	164
43. 자기 이해 SELF-KNOWLEDGE	169
44. 그림자 SHADOW	173
45. 수줍음 SHYNESS	176
46. 침묵 SILENCE	180
47. 위안 SOLACE	183
48. 터치 TOUCH	186
49. 무조건 UNCONDITIONAL	190
50. 짝사랑 UNREQUITED	193
51. 취약성 VULNERABILITY	196
52. 취소 WITHDRAWAL	198

1
혼자

고독한 삶이 단 몇 시간 동안만이라도 활짝 피어날 수 있게끔,

혼자 있음은 우리에게 침묵과 친구가 되도록,

침묵을 받아들여 혼자 있는 나만의 방식을 찾도록 해 준다.

'혼자'라는 단어는 타인에게 말해지는 순간에도 그 의미의 엄격하고 고독한 아름다움을 드러낸다. 이와 동시에 이 단어는 무언가에 깊이 파고들 기회로, '단지 혼자'라는 표현이 보여 주듯 버려졌다는 느낌이 메아리치며 닥쳐오는 위험으로 느껴진다. 특히 '단지 혼자 남겨졌다'는 익숙한 표현으로 사용되는 경우 '혼자'는 묘한 완결 상태로 다가온다. 도저히 벗어날 수 없는 세계에 남겨진 것처럼 말이다. 혼자 시간을 보

내는 첫걸음은 그 상황이 얼마나 두려운지 인정하는 것이다.

혼자 있음은 힘든 훈련이다. 고독이라는 아름답고 힘겨운 감각은 사색을 통해 미지의 것과 친밀해지는 토대가 되어 주지만 혼자 있음의 시작은 소외감, 슬픔, 버려짐으로 들어가는 문처럼 여겨진다. 자신이 혼자임을, 혼자 남겨졌음을 아는 것은 인간이 무의식적으로 깊이 두려워하는, 하지만 언제든 나타나고 지속될 수 있는 일이다.

얼마 동안이든 혼자 있는 시간에는 우리 외피가 벗겨진다. 혼자일 때 우리 몸은 남들과 함께일 때와 다르다. 혼자일 때 우리 몸은 마침표라기보다는 물음표다.

혼자 있음은 우리가 자신을 다시 그려 보도록, 스스로에게 엄격하도록, 똑같은 옛날이야기를 걷어 내고 그 이야기를 다른 식으로 서서히 풀어내도록, 침묵 속에서 더 집중해 들어 주는 미처 몰랐던 낯선 두 귀에 대고 이야기하도록 해 준다. 고독한 삶이 단 몇 시간 동안만이라도 활짝 피어날 수 있게끔, 혼자 있음은 우리에게 침묵과 친구가 되도록, 침묵을 받아들여 혼자 있는 나만의 방식을 찾도록 해 준다.

혼자 있으면서 침묵을 받아들이려면, 전부 털어놓는 식의 말하기를 멈춰야 한다. 혼자 있음은 항상 미숙함과 취약함을, 두려운 단순함을, 인정하지 않음과 알지 못함을 깨닫게 해 준다. 또한 침묵의 거울에 우리를 비춰 보는 과정에서, 그동안 알지 못하고 알 수도 없었던 자신 외의 다른 동반자를 찾고픈 바람을 불러온다.

자기 공감의 기본 요소 한 가지는 혼자 남기를 극구 꺼리는 우리 자신을 이해하는 것이다.

혼자 있음은 성찰의 당혹스러움에서 시작한다. 그리고 어색함, 더 나아가 추악함과 대면한 후, 예기치 못한 아름다움을 발견하고 새로운 외피가 생겨나며 빛과 공기에 노출된 내면의 삶이 서서히 꿰매지면서 정점을 맞는다. 이는 한 시간이 걸릴 수도, 하루가 걸릴 수도 있다.

혼자 있으려고 남들과 하는 교류를 차단할 필요는 없다. 자신을 홀로 떨어뜨리는 것, 그리하여 지나치게 협소하거나 복잡한 관점으로 삶을 해석하며 꾸짖는 목소리를 잠재우는 것은 오히려 극단적인 방법이 될 뿐이다.

함께 어울리면서도 다가오는 고독은 감지할 수 있다. 혼자 있음이 사막이나 대양, 산속에서만 가능하지는 않다. 바쁜 세상 속에서 남들과 가까이 어울리면서도 인간은 가장 생생하고 친밀한 고독을 느낄 수 있다. 회의석상에서도, 가장 행복하고 진실한 부부 관계에서도, 승객과 승무원으로 가득 찬 배 위에서도 혼자라 느낄 수 있다.

혼자 있음의 힘겨움은 가장 친밀한 환경에서, 어둠 속 부부 침대의 수천 킬로미터 같은 일 센티미터 거리에서, 다닥다닥 붙어 앉은 좁은 식탁 위로 내려앉은 침묵에서도 느껴질 수 있다. 하지만 사람들 틈에서 혼자라 느끼는 것은 원하든 원치 않든 우리를 남들과 연결해 주는 그 깊은 흐름을 경험하도록 해 주는 동시에, 인간 존재의 독자성을 이해하도록 해 준다. 혼자 있음은 거리 감각을 통해 오히려 함께 있음을 측정하게끔 해 준다.

21세기 초, 혼자라는 느낌이나 혼자 있고픈 마음은 전혀 환영받지 못했다. 혼자라는 느낌을 인정하는 일은 주변인들이 마음에 안 든다고 거부하거나 저버리는 것, 충분히 마음을 뺏길 만큼 신나고 재미있게 살지 못하고 있다는 의미였다. 혼자가 되려는 적극적인 노력은 과격한 행동이었다. 혼자가 되고자 하는 것은 다정한 대화를 거부하는 것, 인간 언어로 굳이 정의할 필요 없는 낯선 곳으로 나아가는 것이었다.

그러나 일, 자신에 대한 생각, 헌신적 동반자 등에서 벗어나는 그 시간이야말로 어쩌면 다른 이, 일, 다른 이의 삶에 감사하게 하는 핵심인지 모른다. 우리 자신을 홀로 두는 것처럼 그들도 혼자이게끔 함으로써, 삶에 다시금 선택의 여지를 넣음으로써, 혼자 있음이 비난받을 상태가 아닌 추구하는 성취가 되도록 함으로써 말이다.

2
야망

야망이라는 단어에는 사실 야망이 존재하지 않는다.

 야망이라는 단어에는 사실 야망이 존재하지 않는다. 야망은 힘겨운 목표에 고정된 욕망이며, 일과 삶의 흐름이 딱딱하게 굳어 멈춰 버린 상태다. 야망은 삶을 실현해 나가야 할 젊은이에게는 필수적일지 모르나 성숙한 삶에는 큰 장애물이다. 야망은 창조적 대화의 본모습을 가리고 목표만을 멋지게 묘사하게 한다. 하지만 이 묘사는 과장, 과도한 친숙함 혹은 과도한 이해를 통해 거짓으로 드러나 버린다.
 야망을 가지면 남들에게 설명할 수 있어 편하다. 사실 남에게 쉽게 설명할 수 있다는 이 점이 바로 야망의 병증이다.

인생을 바칠 만한 목표라면 굳이 남에게 알려 그 존재 의미를 훼손시킬 이유가 없다. 그 자체로 진실인 모든 것은 나름의 비밀스러운 언어를, 내적인 의도를, 당사자인 그 사람조차도 미처 몰랐던 숨겨진 흐름을 지니기 때문이다.

야망은 이러한 비밀이 실현될 시간을 갖기도 전에 모든 비밀을 훤히 드러내 시들게 한다. 한 가지 일에 인생을 바치면서 무르익게 되는 관대함과 성숙함도 쪼그라들어 버린다.

야망의 빛을 보내 미래 세상의 한 구석을 반짝이게 한다 해도 결국은 이미 익숙해져 버린 꿈에 불과하다는 점이 드러날 것이다. 야망의 끝은, 억만장자들의 정체성이 그렇듯 늘 진부하다. 통제력을 점점 더 키워 나가는 것만이 유일한 목표다. 반면 진정한 소명은 우리가 껍질을 깨고 나가게끔, 심장이 터져 나가게끔 한다. 우리를 겸허하고 단순하게 만들고, 우리를 사로잡은 그 일의 감춰진 본질이 무엇인지 선명하게 드러나도록 한다. 이 과정에서 우리는 애초부터 자신에게 필요했던 것이 무엇인지 깨닫게 된다. 그리하여 심장이 실제로 터져 나가는 경험 이전까지 이해할 수 없었던 삶의 정수로 마침내 되돌아가게 된다.

자기 노동의 중요성을 어떻게 인식하든 우리는 결국 세상의 거름이 된다. 지금은 상상하지 못하는 세상을 위한 거름이다. 야망은 우리를 그 직전까지 이끌지만 넘어서도록 해 주지는 못한다. 경계선은 늘 손 닿는 곳 너머로 물러서 버린다. 이와 달리 소명은 우리 육체, 우리 일, 우리 지성과 상상력이 우리가 찾는 새로운 세상과 나누는 대화다. 일을 하면서 아무리 충실하려 노력한다 해도 뼈저린 실패는 늘 겪게 마련이다. 소명에 따른 일이라면 야망과 실패를 남들에 대한 공감과 이해로 늘 변모시킬 수 있다.

야망은 끊임없이 의지와 에너지를 끌어내 우리가 의식하며 인내하도록 한다. 반면 소명에 따르는 일은 우리를 둘러싸고 우리를 충전해 주는 미지의 중력장에 계속 주의를 기울이기만 하면 된다. 마치 가능성이라는 대기를 호흡하듯 말이다. 우리 인생의 일은 하나씩 밟아 올라가 꼭대기에서 다리를 쉬게 해 줄 수 있는 계단이라기보다는 끝이 보이지 않는 대양 횡단에 가깝다. 우리는 근원 요소들과 대화함으로써만 방향을 잡을 수 있다. 뒤돌아보면 지나온 흔적은 수면의 짧은 출렁임으로만 남는다.

야망은 첫걸음을 내딛는 젊은이에게는 자연스러운 것이다. 젊은이는 야망이 안겨 줄 수밖에 없는 실패를 경험하고 그 이면의 더 큰 현실을 알아야 한다. 하지만 너무 오래, 심지어 노년에까지 야망에 매달린다면 또다시 아이 시절로 되돌아가는 꼴이다. 그렇게 되면 한때 성공적이었던 사람도 불쌍한 존재로 전락하고 만다.

인생을 바칠 만한 일인지 알려면 그 일이 관대함에 이르도록 해 주는지 살펴보면 된다. 그리고 관대함이 무엇인지 알려면 그것이 젊은이의 희망을 보면서 기뻐하도록 해 주는지 생각해 보면 된다. 지금까지 얻은 보상, 그리고 그 여정을 깨달음의 여정으로 만들어 줄 비밀과 핵심 기술까지도 젊은이에게 넘겨주는 것이 바로 관대함이다.

우리가 자기 일에서 남길 수 있는 최고의 유산은 남에게 야망을 불어넣는 것이 아니라 어렵게 찾아낸 길을 고난과 작은 승리를 거두면서 꿋꿋이 걸어갔다는 소박한 자부심을 전달하는 것인지도 모른다. 그 대화의 목격자인 동시에 온전한 참여자가 되는 것이 우리가 남길 수 있는 최고의 선물이다.

3
분노

진정한 분노의 중심에는 온전히 여기에서,
온전히 살아가려는 삶의 불꽃이 타오른다.

이 단어는 타인, 세계, 자신, 삶, 우리의 몸, 가족, 이상향 등 나약하고 상처받을 수 있는 모든 것에 대한 가장 깊은 배려다.

신체적 구속과 폭력적 반응을 **빼놓고** 나면 분노는 가장 순수한 형태의 공감을 향한다. 분노라는 내면의 불길은 우리가 어디에 속하는지, 무엇을 지키고 싶어 하는지, 스스로를 위험에 **빠뜨리거나** 심지어 망가뜨리는 상황까지 감수할 수 있도록 하는 것이 무엇인지 드러내 준다.

우리가 분노라 부르는 것은 그에 동반되는 취약성에 굴복해 버린 순간, 우리 몸과 마음의 수용 한계를 넘어서 버린 순간, 혹은 우리 이해심의 경계를 건드리는 순간이 남긴 잔재에 불과하다. 우리가 분노라 부르는 것은 실상 우리의 외적 일상을 깊이 배려해 줄 물리적 능력이 부족하다는 문제거나, 명료하고 폭넓은 존재로서 몸과 마음을 다해 충분히 크고 관대한 사랑을 베풀기에 의지가 부족하다는 문제다.

우리가 분노라 부르는 것은 내면의 무력함에 대한 외면의 폭력적 반응이다. 이 무력함은 걸맞은 외부 형체나 정체성, 목소리, 혹은 삶의 방식을 찾지 못하는 미숙함에서 나온다.

우리가 분노라 부르는 것은 두려움이나 무지를 온전히 인정하기 싫은 마음에 불과한 경우도 많다. 아내에 대한 사랑, 아이들을 깊이 걱정하는 마음, 최고를 바라는 심정, 함께 살아가는 이들을 사랑하면서 그저 존재하고픈 바람에 있어서 말이다.

자신의 무력함과 취약성이 무언가 크게 잘못된 것이라 느끼는 경우 분노가 밖으로 터져 버리는 일이 많다. 스스로에게서 모순을 느낄 때나 말로 전달하지 못할 때 분노는 고함을 질러 댄다. 하지만 가장 순수한 상태의 분노는 우리가 세상에 엮이고 아이들, 집, 가족, 회사, 동료 등 구체적인 대상을 사랑하면서 어떻게 취약해졌는지 드러내 주는 척도다.

외적인 것을 사랑하면서 신체가 취약해진다는 것을 마음이 거부할 때 분노는 폭력으로, 폭력적 언어로 나타난다. 우리는 우리를 사랑하지만 그 마음을 표현하지 못하는 이들에게, 내면의 애정을 겉으로 전혀 드러내지 못하고 오히려 사랑받기만 원하는 이들에게 자주 버림받는다. 내면의 미숙함을 외부로 표현하지 못하는 이런 사람들은 사랑의 본성인 취약성 앞에서 어찌할 바를 모른다. 그리고 그 무력감 속에서 내면의 통제 불가능 상태를 겉으로 표현하기 위해 사람들에게 폭력을 가한다.

하지만 진정한 분노의 중심에는 온전히 여기에서, 온전히 살아가려는 삶의 불꽃이 타오른다. 결국 분노는 근원으로 파고들어 가야 할, 가치를 인정받아야 할, 돌봐 주어야 할 자질이고 더 깨끗하고 관대한 마음, 더 공감하는 가슴, 더 크고 강한 육체를 통해 그 근원을 세상에 내놓고자 방법을 찾도록 하는 계기다.

우리가 겉모습만 보고 분노라 부르는 것은 내면의 진정성을 완벽히, 다만 거울상으로 드러냄으로써 숨어 있는 자질을 알게 해 주는 존재인지도 모른다.

4
아름다움

아름다움은 존재의 수확이요, 우리 내부 깊숙이에 이미
존재하는 것을 밖에서 보고 듣는 짧은 순간이다.

아름다움은 존재의 수확이요, 우리 내부 깊숙이에 이미 존재하는 것을 밖에서 보고 듣는 짧은 순간이다. 이 순간, 눈과 귀, 상상력은 갑자기 이곳과 저곳, 그때와 지금, 그리고 내면과 외부를 연결하는 다리가 된다. 그러므로 아름다움은 우리가 바깥세상에서 일어난다고 생각하는 일과 우리 내면 깊숙이에서 막 일어나려는 일 사이의 대화다.

아름다움은 주의 집중과 자기 망각 두 가지가 함께 작용하여 얻어진 상태다. 우리는 보고 듣고 냄새 맡고 만진다는 사실을 망각함으로써 우리가 각기 다른 존재라는 것을, 서로 거리가 있다는 것을, 타인을 두려워한다는 것을 느끼지 못하게 된다. 아름다움은 황홀함을 통해 우리를 만든다고 생각되는 것과 세상을 만든다고 생각되는 것 사이의 경계로 나아가도록 해 준다. 거의 언제나 아름다움은 대칭과 매력적인 비대칭에서 나타난다. 이러한 대칭과 비대칭은 나방의 두 날개, 투명한 하늘과 딱딱한 대지, 내 모습이 비쳐 보이는 연인의 고요한 두 눈이 보여 주듯 자연물 안에 존재한다. 이와 함께 대칭은 내적 인식과 외적 인식을 한데 합치는 데에도, 타인이라는 아득히 먼 세상을 우리 자신의 깊은 내면과 결합시키는 데에도 존재한다. 아름다움은 한 얼굴로 살아가는 표면의 안쪽이자 바깥쪽이다.

아름다움은 시간이 시간을 초월한 것과 만날 때에도 나타난다. 현재라는 순간은 이미 일어난 일과 앞으로 일어날 일에 둘러싸여 있다. 봄철의 흩날리는 사과 꽃잎과 황혼녘에 빙글빙글 돌며 떨어지는 구부러진 이파리, 조심스럽게 빨랫줄에 널어놓은 이불 홑청 위로 부드럽게 쏟아지는 밝은 햇살, 찰나의 순간 동안 홑청을 부풀렸다 사라지는 바람, 늘 저

만치에서 유혹의 손짓을 보내는 미래를 향해 펄럭이며 말라가는 홑청, 이들은 늘 우리를 넘어서 있다. 아름다움은 존재의 수확이다.

5
시작하기

시작하는 것은 어렵다.
거장의 경지에 이르러 버린 우리의 미루는 버릇은
용감하게 첫걸음을 내딛는 행복을 누리지 못하게 가로막는다.

시작하기를 잘하든 못하든 중요한 것은 일단 시작하는 것이다. 물론 시작을 잘하는 것이 예술적 차원의 능력이긴 하다. 낯선 악기를 새로 집어 들 때처럼 첫 단계에서는 음 하나를 깨끗하게 내기 위한 시간이 필요하다. 무엇 하나 모르더라도 깨끗하게 용서받는 시간 말이다. 그리고 시작을 잘하려면 너저분한 것들을 치워 버려야 한다. 그러한 것들은 아름답긴 하지만 종종 감춰져 있는 핵심적인 것과 필수적인 것을 찾아내는 데 방해가 된다.

시작하는 것은 어렵다. 거장의 경지에 이르러 버린 우리의 미루는 버릇은 용감하게 첫걸음을 내딛는 행복을 누리지 못하게 가로막는다.

새로운 한 걸음을 딛는 것은 어쩌면 우리 몸의 근원적 중심에서 시작되는 것인지도 모른다. 경시해 왔던 그곳에 우리 자신을 다시 위치시키고 마지막으로 무언가를 시작하려 했던 때 이후 굳어진 자신을 되돌리는 것, 이것이 시작을 잘하는 법인지도 모른다. 시작하기에 대한 이 단호한 신체적 수용은 똑같이 단호한 내적 단순화를 낳는다. 여기서 우리의 아주 큰 부분, 몇 년씩이나 떨쳐 내지 못한 부분, 아직도 과거의 복잡한 이야기를 떠들어 대는 부분이 갑자기 작동을 멈춘다.

이와 함께 우리 내면이 가벼워진다. 두려워서 참여하지 못하게 만드는, 혹은 더 이상 아무것도 주지 못하는 부분이 죽음 같은 트라우마와 함께 떨어져 나간다. 새로운 가능성으로 향하기 위해 필요한 것은 더 단순해진 새로운 자아의 한 걸음뿐이라는 걸 거부하고 발목을 잡는 불신과 마지막 전

투가 벌어진다.

    그 용감한 걸음은 바로 가까이에, 상상했던 것보다 훨씬 가까이에 있다. 우리는 그게 무엇인지 이미 알고 있다. 생각보다 그 걸음은 훨씬 단순하고 단호하다. 하지만 이를 믿기는 늘 어렵다. 펜이나 목공 끌을, 악기나 전화를 그저 집어 들면 그만인데 말이다. 우리는 이야기가 더 복잡하기를, 우리 정체성이 두려움이라는 구름 속에 더 많이 숨어 있기를, 지평선은 늘 저 멀리 머무르고 약속은 모호하기를, 글은 필요한 길이보다 더 길기를, 답변은 늘 불가능의 영역에 있기를 바라기 일쑤인 것이다.

6
속박

기묘하게도 우리를 가장 크게 속박하는 것은
수년 동안 노력한 끝에 이뤄 낸 성공이다.

대부분의 사람들이 대부분의 시간 동안 속박되어 있다고 느낀다. 행사에, 사람들에, 무언가를 마련하고 돌보고 참여해야 하는 의무에, 스스로 만든 창조적 활동 등에 말이다. 기묘하게도 우리를 가장 크게 속박하는 것은 수년 동안 노력한 끝에 이뤄 낸 성공이다.

할 일이 쌓였는데 온갖 상황에 가로막혀 옴짝달싹 못하는 사태는 현대 사회에 사는 사람이라면 누구나 겪는 일상일 뿐 아니라 인간 의식이 깨어난 이후 누구나 겪어 온 일이다. 인간으로 살면서 할 일에서 벗어날 수는 없다. 외딴섬으로 도피해 홀로 지낸다 해도 섬을 살 만한 곳으로 만들기 위해 로빈슨 크루소처럼 바쁠 것이다. 아니면 탈출하기 위해 뗏목을 만들기 시작하든지. 다들 제발 눈앞에서 꺼져 달라고 말하면 오히려 가까이 몰려들어 대체 왜 그러느냐며 물어 댈 것이다. 혼자 자유를 누리기에 충분한 큰돈을 마련했다면 온 세상이 달려와 한몫 나눠 달라고 할 것이고.

세상이 알아서 물러나 주지 않는다면 할 일로 넘쳐 나는 삶을 속박의 느낌 없이 살아갈 수 있도록 훈련해야 한다. 속박을 느낀다면 할 일 목록이 아닌 '안 할 일 목록'으로 하루를 시작하라. 시간에 쫓기는 세상에서 벗어나 질서와 우선순위를 다시 잡는 시간을 갖는 것이다. 무위와 침묵의 그 공간에서 우리는 나 자신과 주어진 하루를 다시 생각할 기회를 얻는다. 홀가분한 자유로움 속에서 일상의 대화를 시작하면 우리는 자신을 새로이 바라보고 마치 처음인 양 세상으로 다시 들어갈 수 있다. 우리 자신, 우리 성취, 우리 야망, 과도하게 묘사된 희망을 일단 내려놓아야 그것들이 어떤 모습으로 되돌아오는지 살필 수 있다.

속박을 걷어 내려면 자녀들에게 최선을 다하면서도 적절한 때가 오면 위험한 길로 나서는 자녀를 축복하며 보낼 수 있어야 한다. 사업의 규모가 커질 때에도 애초에 그 사업의 시작이 자유로 가는 출구였음을 기억해야 한다. 우리는 성공을 자축하면서도 멀리서 손짓하는 새로운 지평선의 존재를 인식하곤 한다. 다시 시작해야 하는 상황은 수없이 반복된다. 얼마나 성공했는지 알려면 도달할 수 없는 머나먼 희망을 바라보는 대신 친밀한 내면을 불러내야 한다.

속박된 우리는 세상에서 벗어난 동떨어진 장소를 꿈꾸다가도 막상 혼자 있게 되면 남과 어울리고 싶어 한다. 그리고 이 두 상태 사이를 오간다. 놀랄 것 없는 일이다. 속박되었든 홀로 동떨어졌든, 우리는 돌이킬 수 없는 동떨어짐과 돌이킬 수 없는 구속 사이의 교차로, 아니 더 정확하게 말하자면 선택할 수 없는 이 둘 사이의 대화로서 살아가는 게 최선인 모양이다. 우리는 둘 다이다. 남들이 사라져 주지 않는다 해도 동떨어짐은 가능하고 또 필요하다.

속박된 일상 속에서 동떨어짐을 만드는 것은 우리 개인이 자신을 위해 할 수 있는 최고로 용감한 일일지도 모른다. 그러면 모든 것의 한중간(단테의 말을 빌리면 'Nel mezzo')에 아름답게 머물 수 있다. 사람들, 장소들, 온갖 복잡다단함을 적이나 강제 속박으로 보는 대신 익숙하면서도 묘하게 낯선 인생 드라마의 요소들로 새로이 바라보며 사랑하게 된다. 그 안에 내가 위치할 장소가 만들어지기 때문이다. 나라는 문을 두드리는 사람이 있다는 건 부담인 동시에 특권이다. 세상이 나를 보고 인식하고 원한다는 것, 모든 이와 모든 것을 받아들일 공간이 있다는 것은 이와 반대되는 상황과는 비할 수 없을 만큼 좋으니 말이다.

7
근접

╲╲

인간의 본질은 도달이 아닌 근접에 있다.
우리는 길 위에 있고 우리 여행은 도착 임박의 연속이다.

우리는 거의 늘 근접한 상태다. 행복에, 다른 사람에게, 이별에, 눈물에, 신(神)에게, 신뢰를 잃는 것에, 업무를 완료하는 것에, 비밀을 말해 버리는 것에, 성공에, (심지어 한껏 만족스러운 기분으로) 모조리 때려치우는 것에.

인간의 본질은 도달이 아닌 근접에 있다. 우리는 길 위에 있고 우리 여행은 도착 임박의 연속이다. 우리는 얼마나 가까워졌는지 알기 위해 남은 거리를 무의식적으로 측정하며 산다. 예를 들어 친밀감은 분리되었다는 느낌을 포기했을 때 우리가 얼마나 취약성을 느끼는지로 측정할 수 있다.

평소의 정체성을 넘어서 근접보다 더 가까이 간다는 건 일시적인 즐거움을 위해서 자아 감각을 잃는다는 뜻이다. 그렇게 하면 더 깊숙한 친밀감이 열리면서 우리를 통제하는 고정된 정체성이 흐릿해진다.

의식적으로 가까워지는 일은 일방적이며 용감한 무장 해제다. 그것은 내 무기와 내 사랑을 운명에 맡기는 것, 애정을 위험에 빠뜨릴 위험을 감수하는 것, 가까워질 때 생기는 취약성이 가져올 필연적 상실을 무릅쓰겠다고 무의식적으로 선언하는 것이다.

인간은 성취나 도착이 아니라, 여행하려는 길에 가까워졌을 때, 발 딛고 선 대지와 가고자 하는 지평 사이의 대화 방식에 가까워졌을 때 자아의 핵심을 발견한다. 결국 우리는 언제나 궁극적 비밀에 근접해 있다. 목적지보다는 길을 찾고 싶다는 단순한 희망이 우리를 한층 더 진짜로 만든다는 비밀, 이를 이해하는 것과 이해하지 못하는 것 사이의 한 걸음은 행복에 도달하는 거리만큼 가깝다는 비밀에 말이다.

8
고백

고백은 내내 혼자 간직하던 진실, 숨죽여 비밀로
묻어 두었던 것을 꺼내어 인정하는 일일 뿐 아니라
같은 죄를 또다시 저지르지 못하게 만들 더 큰 힘에
자신을 의탁하는 것이기도 하다.

    고백은 자기 보호를 벗어 버리는 것이자 진실을 말하는 것이다. 모욕으로 여겨지던 고백은 갑자기 굳건한 대지로 들어가는 입구, 심지어는 집으로 가는 첫걸음이 된다. 고백은 죄나 실수를 인정하는 것뿐 아니라 처벌의 위협, 외면당할 공포를 넘어서 더 큰 충성과 깊은 헌신을 털어놓게 함으로써 자신을 자유롭게 해 준다. 고백은 더 용감한 길을 걸어갈 준비가 되었다는 선언이다. 전에 지키고자 했던 정체성은 어느새 사라져 더 이상 상관조차 없어 보인다. 그것은 그저 여러 해 동안 우리를 분주하게 만들면서 진짜 문제를 해결하지 못하게 만든 방해물이자 환상에 불과하다.

거짓으로부터의 자유가 목표가 될 수는 있지만 어떤 고백에든 결과가 따른다. 고백의 결과를 두려워하는 데에는 충분한 근거가 있다. 비밀이 보호해 온 정체성은 고백 이후 살아남기 어렵기 때문이다. 우리는 외로이 새 삶을 시작해야 한다. 우리 때문에 피해를 입거나 고백의 필요성을 이해하지 못하는 사람들에게 배척받을 수도 있다. 고백은 지금까지 함께였던 익숙한 이들과 헤어져 홀로 길을 떠나게끔 한다.

임종 직전에는 고백이 쉽게 이루어지곤 한다. 임박한 소멸 앞에서 비밀이 보호해 온 낡은 정체성을 유지하는 것은 의미 없고 우스꽝스럽기 때문이다. 오랫동안 지키려 애써 왔던 존재가 갑자기 자신이 아니게 된다. 소멸이 다가온 순간, 우리는 이름과 정체성을 유지하기 위해 쏟은 그 큰 노력과 의지가 그저 일시적이고 덧없는 욕심이었음을 이해한다. 비밀을 떠나보내면서 우리는 새로운 신실함, 도착지에 도달한 강물의 흐름에 몸을 맡겨야 한다. 이는 일시적이지 않다. 고백은 더 심도 있게 단련해야 하는 다른 삶을 만들어 내기 때문이다. 설사 임종 직전에 배우기 시작한 것이라 해도 말이다.

그러므로 고백은 수동적인 것도, 과거의 잘못과 대면하는 단순한 능력도 아니다. 진짜 의미를 찾으려면 적극적인 움직임이 필요하다. 초기 그리스도교 전통에서 고백은 자기 신앙을 증거하는 것이었다. 신앙을 증거하는 이들은 많은 경우 적대자들 앞에서 자신이 진실이라 믿는 바를 큰 소리로 밝혀야 했다. 이처럼 고백은 취약하고 위험이 눈에 보이는 상황에 들어가는 것이다. 그리고 때로는 우리의 투쟁을 온전히 이해하지 못하는 사람들의 처분에 자신을 맡기는 것이다.

고백으로 새로운 상태를 선포하면서 우리는 세상으로부터, 더 나아가 우리 자신으로부터 숨기고 있던 무언가를 연료로 새로운 빛을 밝혀 남들에게 다가가게 된다. 비밀을 유지하는 것은 처벌을 회피하는 것일 뿐 아니라 용감한 다음 걸음 내딛기를 거부하는 것이다. 처벌과 고백을 혼동하지 않으려면 일단 스스로에게 고백하고 자신의 가슴과 마음이라는 사적 공간에 단단하게 걸음을 내디뎌야 한다. 그다음에 이를 최선의 언어로 바꾸어 세상에 내보이면 된다. 우리는 이를 통해 이전에 타협하지 못했던 두 세상을 잇고자 시도하는 것이다. 공격하는 측을 공격받는 측과, 내면을 외면과 통합하는 것이다.

고백은 내내 혼자 간직하던 진실, 숨죽여 비밀로 묻어 두었던 것을 꺼내어 인정하는 일일 뿐 아니라 같은 죄를 또다시 저지르지 못하게 만들 더 큰 힘에 자신을 의탁하는 것이기도 하다.

9

용기

용기는 우리가 만들어진 방식 가까이 머무는 것이다.

용기라고 하면 드러내어 생각하는 것, 불길을 향해 달려드는 것, 극한 상황에서도 할 일을 해내는 것, 다른 무엇보다도 공개적으로 어떤 행동을 보이는 것이라고 생각하기 쉽다. 그리하여 찬사를 받고 메달이나 상으로 보상받는 일이라고 말이다. 하지만 용기의 어원을 보면 방향이 내면을 향하고 있다. 고대 노르만 불어로 심장을 뜻하는 'coeur'에서 나온 말이 'courage'이기 때문이다.

용기는 삶, 다른 사람, 공동체, 일, 그리고 미래에 온 마음을 다하는 것이다. 용기를 낸다고 해서 반드시 어디에 가거나, 무언가를 해야 한다는 뜻은 아니다. 다만 이미 마음 깊이 느끼고 있는 것을 의식하고 그 결과 생겨나는 끝없는 취약성을 감수하면 된다. 용기는 우리 감정을 우리 몸과 세계 깊숙이 자리 잡게 하는 것, (기존에 이미 존재하던) 인간관계가 요구하는 바를 제대로 해내며 사는 것, 동시에 우리가 이미 마음을 쓰고 있던 사람, 미래, 사회의 가능성, 우리에게 늘 도움을 요청해 온 미지의 무언가까지 챙기는 것이다. 용기는 우리가 만들어진 방식 가까이 머무는 것이다.

프랑스 철학자 카뮈는 "눈물 날 때까지 산다"고 되뇌곤 했다. 이는 감상적이 되라는 것이 아니라 소속됨이라는 깊은 특혜를 받아들이라는 것이며, 우리를 만들기도 하고 근본적인 수준에서 우리 마음을 부수기도 하는 소속됨의 영향을 받아들이라는 것이다. 사랑과 애정, 그리고 이것을 상실할 가능성이라는 현실과 그 특권에 놀라는 것처럼 자신의 느낌에 감동하는 것은 인간의 근본적 특징이다. 용기는 매일 생존이라는 시험을 거치는 사랑과도 비슷한 모습이다.

내면에서는 용기가 혼란으로 느껴지기도 한다. 우리는 자신이 무엇을 정말로 아끼는지에 대해서, 그리고 그렇게 아끼는 마음에 맞춰 어떻게 외부의 삶을 조절해 나가야 하는지에 대해서 무척이나 천천히 알아 간다. 성숙해 가는 과정에서 오로지 단단한 취약성만이 유일한 지향점이고, 유일한 현실적 가능성이며, 가장 확실하고 안전하게 발 디딜 곳이라는 점이 드러나는 것이다. 우리가 누구를, 무엇을, 어떻게 사랑할지, 어떻게 그 사랑을 깊게 할지를 이처럼 내면으로 알게 된다. 이를 그저 겉으로, 그저 뒤돌아 바라본 것이 바로 용기다.

10

위기

위기는 피할 수 없는 것이다.

위기는 피할 수 없는 것이다. 암묵적 평행선이라도 그어진 듯 밀려오는 파도나 지하의 자기장을 따라 존재의 원초적 핵심과 결국은 만나고야 만다. 그때까지의 모든 일은 자신이 지닌 근본적 결함, 애써 한걸음 물러서 설명을 붙이고 희석하려 했던 바로 그 결함과 대면하기 위한 준비였다는 것처럼 말이다.

무시해 왔건만 마침내 온전히 모습을 드러낸 삶의 숨은 근원과 맞닥뜨리는 일을 경험하면, 미숙함이 일상의 일부가 되고 상실이 임박했다는 예감을 느끼게 되면 단단한 취약성은 타격을 입는다. 이렇게 타격을 입는 그곳을 수세기 동안 '영혼의 검은 밤(La noche oscura del alma)'이라 불러 왔다. 하지만 이 검은 밤은 두 폭풍의 부딪힘이라 하는 것이 더 정확한 표현일지 모른다. 내면으로부터 인간을 압도하는 힘과 외면으로부터 인간을 압도하는 힘 사이에 폭풍이 부는 것이다.

성숙해 가는 인간을 내면에서 압도하는 흐름은 자신도 어쩔 수 없는 결함과 약점, 자기기만으로부터, 그리고 거짓 이름과 이야기를 꾸며 내어 세상에서 자리를 찾으려는 시도로부터 나온다. 어떻게 해서든 자기 주변의 이야기를 통제하려는 것이다. 그러나 외면에서 오는 흐름은 그 자아를 포기하고 강력한 힘에 몸을 맡긴 채 새로이 자신을 깨닫고 정립하라고 요구한다.

이 두 가지 모두를 아우르며 경계 지역을 걸어가는 것은 가장 힘든 순례 길이다. 양쪽 세상 모두에서 숨 쉬고 적극적으로 조화를 이뤄 가는 것, 인정받고 싶은 욕구와 도움 받고 싶은 마음을 인정하는 것, 그러면서도 바람 부는 대로 출렁이기도 번쩍이기도 하는 세상 속에서 존재가 연주하는 음악에 둘러싸여 살아가는 것, 세상이 필요로 한다면 자기를 잊어버리고 응답할 수 있는 능력을 지니는 것은 실상 내면과 외면이 형체 없이 엎치락뒤치락 흘러가는 죽음이라는 과정에 대한 예행연습이기도 하다.

11
거부

거부는 아직 제대로 서지 못한 정체성을
보호하고 붙잡아 주는 힘, 정말 고마운 근본적인 힘이다.

거부는 존재의 한 상태로서 너무 낮게 평가받고 있다. 이는 아직 제대로 서지 못한 정체성을 보호하고 붙잡아 주는 힘, 정말 고마운 근본적인 힘이다. 이런 관점에서 본다면 거부는 늘 우리와 함께하는 것이며, 심지어는 대단히 멋진 것이다. 일반적으로 깊은 상실이나 소멸과 마주하는 경우 어느 정도의 거부는 필요하다. 이때 거부는 창조적인 역할, 자기 위안의 역할을 한다. 어린 아이는 자기가 언젠가 죽게 된다는 것을 모르고 어른들도 그 말을 해 주지 않는다. 아직 다 자라지 않아 준비되지 않은 일을 거부함으로써 우리는 현재 이미 넘쳐 나는 어려움을 극복하며 사는 데 힘을 쏟을 수 있다.

온전히 거부하는 경험은 여기에 존재하기 꺼리는 마음을 온전히 이해하도록 한다. 이로써 자신을 알게 되며, 봐 달라고 요청하는 대상에 주목하고 감사하게 된다. 거부는 오래되고 친숙한 집을 떠나 (때로는 의지에 반해) 더 큰 다음 단계로 외로이 나아가기에 앞서서 누구나 거치게 되는 아름다운 전환 상태다.

거부는 인간의 삶에 항상 존재하여 피할 수 없다. 최고의 현자라도, 달라이 라마라 해도 그렇다. 그것은 두렵게 다가오는 우주의 거대한 힘들을 당분간이라도 지평선 너머에 붙들어 놓기 위해 꼭 필요한 과정이다. 거부는 우리 모두가 지닌 특성으로 가볍게 내버릴 수 없는 것이다.

너무 단단하게 그 안에 숨어 버리는 경우 거부는 감옥이 되기도 한다. 그러나 한편으로는 다음번 용감한 걸음을 내딛지 못하는 이들을 이해하게 만드는 공감의 토대가 되어 준다.

거부는 우리가 벗어 놓은 아름다운 껍질일 수 있다. 이 껍질은 우리가 입었던 옛날 옷을 입은 채 뒤따르는 이들을 아름답게, 성스럽게 만들어 주기도 한다. 우리가 지닌 꺼리는 본성을 관찰을 통해 이해하고 거부하기로 결정하는 것은 참여하고 싶은 영혼의 바람을 직접 바라보는 것이기도 하다.

우리 모두는 일시적인 이름과 일시적인 이야기를 지니고 산다. 그 덕분에 당면한 이해의 지평에 자리 잡은 거대한 힘들의 눈을 들여다보면서도 현재의 공기를 숨 쉴 수 있다. 이 지평을 보기 위해 얼마나 주의 집중해야 하는지, 얼마나 강한 의지를 지녀야 하는지를 생각한다면 거부는 당연한 결과다. 바라볼 준비가 되지 않은 것을 바라보려 애쓰기보다는 유혹하며 손짓하는 것에 주의를 돌리는 편이 훨씬 더 좋으니 말이다.

거부 속에 사는 것은 아주 좋은 동반자와 함께 사는 것이다. 거부는 인식과 준비 사이의 교차점이다. 거부를 거부한다면 아직 만날 준비가 되지 않은 힘센 상대들을 삶에 불쑥 들여놓는 상황이 펼쳐지고 만다.

12
절망

절망은 힘겹지만 아름다운 필수품이자,

경험의 절반이 상실로 채워지는 혹독한 세상에 묶여 있는

인간들 사이를 이어 주는 이해의 원천이다.

달리 갈 곳이 없을 때 절망이 우리를 맞는다. 더 이상 가슴이 찢어질 수 없을 때, 사랑하던 세상이나 사람이 사라졌을 때, 사랑받을 수 없다거나 사랑받을 자격이 없다고 느낄 때, 신이 우리를 실망시킬 때, 사라지지 않을 것 같은 극심한 고통이 육체를 짓누를 때.

절망은 일시적으로나마 묘한 아름다움과 자기 공감을 안겨 주는 피난처다. 상처에서 벗어나고 싶을 때 우리가 향하

는 곳이며 최후의 보호 장치다. 절망 속으로 숨어 버리는 것은 일시적이지만 꼭 필요한 착각, 똑같은 일을 두 번 다시 당하고 싶지 않다는 착각을 찾아가는 것이다.

절망은 주기적으로 필요한 보수 기간이자 일시적 병가 기간이다. 그때까지의 세상 참여 방식에서 휴식해야 할 때 찾아오는 생리적이며 심리적인 겨울이다. 절망은 지평의 상실이다. 그것은 더 이상은 똑같은 모습이기 싫을 때 가는 곳이다. 어떤 소망이 더 이상 실현될 수 없을 때 우리는 희망을 포기하고 절망을 선택한다. 그때 절망은 아직 새로운 희망을 찾지 못한 상태에서 견디고 치유하는 시간이 된다.

놀랍게도 절망은 희망의 최후 보루다. 절망은 전과 똑같은 모습이 아니라면 다시는 똑같이 상처 입지 않을 수 있다는 희망이다. 절망은 여전히 육체 안에 살면서도 그 육체를 벗어나 버리는, 그리하여 더 이상 육체를 느끼지 않게 되는 달콤한 착각 상태다. 절망은 우리가 더 이상 이 세상에서 집을 만들고 싶지 않을 때 가는 곳이다. 거기서 우리는 어쩌면 애초에 그 집을 만들 필요가 없었을지 모른다는 냉혹하고도 아름다운 만족감을 느끼게 된다. 기이하지만 절망은 일종의 성취감을 준다. 절망이 지속되려면 또 다른 절망이 필요하다는 점은 더욱 기이하다.

일정한 기간보다 더 오래 절망이 머물면 그 얼어붙은 좌절 주변에서 우리 정체성이 형성되기 시작하고 절망은 우울과 집착으로 변모해 버린다. 하지만 절망이 정해진 기간보다 오래 머무는 일은, 자신을 신체적 느낌에서 분리시킴으로써, 실망한 마음에 자신을 가둠으로써, 계절이 멈추어 두 번 다시 돌아오지 않으리라 확신함으로써, 그리고 가장 중요하게는 우리 신체가 스스로 깊이 온전히 호흡하지 못하게 함으로써 만들어지는 인위적 거리를 통해서만 가능하다. 절망은 시간과 시간의 리듬에 대한 우리 감각이 얼어붙었을 때에만 지속된다. 시간에 갇혔다고 느끼지 않는다면, 계절이 다시 바뀌게끔 해 준다면 절망은 사라질 것이다.

절망이 계속 지속되려면 듣고 만지고 냄새 맡는 우리 신체를 멈춰 버리고 추상화해야 한다. 우리를 둘러싼 세상의 봄을 멀찍이 두어야 한다. 절망에는 일정한 보살핌과 독려, 외톨이 상태가 필요하다. 반면 우리 몸이 알아서 호흡하도록 한다면 우리 귀는 아침에 처음 들리는 새들의 지저귐, 나무를 스치는 바람에 흔들리는 잎사귀들의 사각거림을 듣게 된다. 그 바람은 제아무리 짙은 먹구름도 멀리 흩어 버리고 영원히 멈춘 듯했던 계절도 흘러가도록 할 것이다. 심장이 박동을 이어가면서 우리는 세상이 정지하지도 사라지지도 않았음을 깨닫게 된다.

절망을 해독시키는 약은 행복한 상상을 하며 스스로를 일으켜 세우려는 무모한 시도가 아니다. 그것은 자신을 사로잡는 생각과 이야기에서 벗어나 우리의 몸과 호흡에 깊고도 용감하게 집중하는 것이다. 절망 자체와 자신이 절망에 어떻게 사로잡혀 있는지에 주의를 기울이면서도 말이다. 그러다 보면 절망이 애초부터 우리 자신의 것이 아니었음을 깨닫게 된다. 우리 신체 속의 절망을 온전히 바라보고 경험하면 그것이 일시적으로 필요한 과정이었음을 알게 된다. 이는 억지로 붙잡거나 밀어내지 않고 절망이 나름의 속도로 흘러가게끔 해 줄 첫걸음이다.

절망을 온전히 받아들이고 세상에 존재하기 싫은 마음의 바닥까지 내려감으로써 우리는 절망에서 벗어나는 첫 단계를 밟는다. 그것은 우리 몸과 우리 세상이 다시 호흡하게 하는 것이다. 이 호흡 속에서 절망은 애초부터 정해진 대로 다른 것, 다른 계절로 변화할 수밖에 없다. 절망은 힘겹지만 아름다운 필수품이자, 경험의 절반이 상실로 채워지는 혹독한 세상에 묶여 있는 인간들 사이를 이어 주는 이해의 원천이다. 그렇지만 우리를 가둬 버리는 감옥이 아닌, 우리 몸을 통과해 지나가는 한 계절일 뿐이다. 계절은 아무리 굼벵이 같은 속도라 해도 나름의 인내와 힘, 의지를 보이며 흘러가게 되는 법이다.

절망 자체에 대해 절망하기를 거부함으로써 우리는 절망이 나름의 삶을 살도록 할 수 있다. 그리고 인간적 공감, 다른 사람의 가슴 찢어지는 슬픔을 보고 이해하며 어루만지게 하는 그 능력의 토대에 첫발을 내딛게 된다.

13

운명

우리 운명은 우리에게 손짓하는

저 멀리 바깥의 거대한 힘들뿐 아니라

우리가 삶과 매일 나누는 대화를 통해서도 결정되는 것이다.

운명에는 늘 소유자가 있다. 내 운명, 네 운명, 그 여자의 운명과 같은 식으로 말이다. 운명은 우리가 피해 갈 수 없는 무언가, 우리를 기다리는 무언가를 의미하며 이야기책이나 신화에 등장하는 단어다. 일상의 대화에서는 잘 등장하지 않는다. 운명은 믿을 수도, 믿지 않을 수도 있는 단어다. 눈에 보이지 않는 어떤 힘이 삶에서 일어나는 사건을 주관한다는 것을 거부할 수도 있고, 아무리 평범한 삶일지언

정 거대한 손길이 작용한 결과라고 동의할 수도 있다. 어떻든 운명에 대해 말하는 것은 우리에게 자신의 가능성을 느끼게 할 뿐 아니라 자신의 결함을 깨닫게 해 준다. 셰익스피어가 그랬듯 우리도 인간이라는 존재의 해결되지도 말해지지도 않은 면들이 자신의 더 좋은 부분을 압도할 수 있다는 것을 느끼게 된다.

신화적 성공과 운명적 실패라는 두 극단 중 하나를 선택하려 한다면, 일상 속 운명이 지닌 대화적 본성을 놓칠 수도 있다. 우리 미래는 우리가 삶 자체와 나누는 대화, 실행하거나 하지 않은 모든 행동에 달려 있다는 측면 말이다. 미래를 서로 완전히 다르게 바라본다는 이유만으로도 두 사람의 미래는 완전히 달라진다. 같은 행동을 한다 해도 운명과 대화하는 방식이 다르면 결과가 달라진다. 우리는 세상을 만들어 가면서 만들어지고 다시금 그 세상이 우리를 만들어 간다. 우리가 세상을 대하는 방식이 우리가 대하는 세상을 바꾼다.

어떤 행동을 하든 이 대화의 방식에 따라 누구나 자기 운명을 살게 된다. 그러나 운명은 집으로 돌아가거나 멀리 추방되는 경험, 더 흔하게는 이 둘 사이를 오가는 경험을 통해 완결되기도 하며, 완벽한 불안정 상태에 이르기도 한다. 여전히 우리 운명이고 우리 삶이긴 하지만, 살면서 얼마나 만족했는지나 얼마나 약속을 실현할 수 있는지는 우리가 삶에 얼마나 용감하게 참여했는지, 힘겨운 세상에서 자신을 얼마나 위태롭게 만들 의지가 있는지, 관대함을 얼마나 발휘할 수 있는 있는지에 따라 달라진다. 우리 자신의 깊이, 예상보다 넓은 우리 자신의 폭을 잘 아는 것도 중요하다. 또한 오래 단련하여 단단해진 취약성도 미래가 어떤 모습이 될지를 결정한다. 우리 운명은 우리에게 손짓하는 저 멀리 바깥의 거대한 힘들뿐 아니라 우리가 삶과 매일 나누는 대화를 통해서도 결정되는 것이다.

14

실망

실망은 변화의 벗이고 자신과 남들을 더 정확하고
관대하게 평가하도록 해 줄 기회다.

실망은 피할 수 없는 것이며 우리에게 반드시 필요한 것이다. 오해받기 일쑤이지만 제대로 접근하는 경우 실망은 변화의 계기가 된다. 실망은 인간 삶에 대한 신뢰와 관대함을 낳는 저변의 숨은 자비로움이다. 실망 없이 살려는 시도는 삶이라는 대화를 생동감 있게 해 주는 취약성을 거부하려는 것이며, 우리에게 꼭 필요하고 자비로운 비탄이라는 존재를 피하려는 것이다. 실망은 우리 자신과 우리 내면을 재평가하게 하고 외부 세계에 내보내던 가짜 자기를 넘어서서 더 근본적인 진실로 향하게 한다.

어쩌면 실망이라 불리는 것은 다음번에 더 큰 존재로 거듭나도록 하기 위한 해방의 첫걸음인지도 모른다. 실망은 현실 자체뿐 아니라 일련의 사건, 장소, 주변 사람들과 관련해 오해하거나 잘못 해석해 온 근본적 관계를 다시 살펴보도록 만든다. 실망은 결혼 생활, 직장 생활, 친구 관계, 더 나아가 삶 자체에서 우리 자신을 위기에 빠뜨릴 수 있는 진짜 비탄에 앞서 찾아오는 유익한 신호탄이다.

실망을 얼마나 기꺼이 받아들이는가, 내치는 대신 감싸 안는가는 용기의 척도가 된다. 삶이라는 대화를 이해하려면 그 길 어딘가에서 비탄의 경험과 맞닥뜨릴 수밖에 없다. 가슴이 완전히 찢어지고 바닥에 주저앉지 않는 한 여기서 벗어날 길은 없다. 그러나 처음에는 배신으로 보였던 것이 결국에는 우리 발밑의 단단한 땅이 되어 준다.

실망은 우리에게 다음과 같은 커다란 질문을 던진다. 실망을 경험하고 바닥까지 내려가 자기 자신과 자기 세계를 더 확실하게 알고, 이 세상에서 우리에게 좋은 것은 무엇인지, 무엇을 할 수 있는지 깨달을 것인가, 아니면 그저 상처로만 생각해 더 이상 파고들지 않은 채 도피해 버릴 것인가.

실망은 변화의 벗이고 자신과 남들을 더 정확하고 관대하게 평가하도록 해 줄 기회다. 실망은 의지력의 시험대이자 우리를 회복할 수 있도록 해 주는 촉매제다. 실망은 진화하는 삶의 최전선과 마주하는 것, 한 가지 모습이리라 기대했지만 금방 다른 모습, 더 어렵고 낯설며 거대하게 바뀌어 버리면서도 결국에는 더 큰 보상을 안겨 주는 그 현실로 들어가는 것이다.

15

용서

용서하려 애쓰는 진실한 행동은

실제 성공으로 이어지지 못한다 해도

그 자체로 축복이자 용서다.

용서는 가슴 아프고 힘들다. 상처 제거를 거부하는 것일 뿐 아니라 상처의 근원에 더 가까이 다가가는 일이기 때문이다. 용서에 접근하려면 상처의 본질로 다가가 중심부의 맨살을 드러내고 그에 대한 관계를 재정립하는 길밖에 없다.

공격받아 상처 입은 우리 일부분은 절대로 용서하지 못할 수도 있다. 실제로 부상당했기에 도저히 용서의 마음이 생겨나지 않을지도 모른다. 부상을 입은 우리 자아는 단 한 번의 공격도 절대 잊지 않고 기억해 미래의 공격에 대비하는 생리적 면역 체계의 기전처럼 애초부터 용서할 의사도, 용서할 능력도 없을 수 있다. 용서해야만 하는 사람의 정체성은 결국 상처 입었다는 사실 자체에 토대를 두지만 말이다.

그러나 단순히 잊어버려서 용서하는 것이 아니라 공감하여 용서하게끔 해 주는 것은 부상당하고 흉터가 남은 바로 그 일부분이다. 용서한다는 것은 상처받았을 때에 비해 더 큰 정체성을 품는 것이다. 성숙한 정체성으로 피해자뿐 아니라 상처의 화끈거리는 기억까지도 품에 안는 것이다. 그리고 심리적 단련을 통해 최초로 상처를 입힌 사람까지도 이해하는 것이다.

용서는 개인의 삶에서 명료함과 이성, 관대함을 유지하는 기술적 방법이자 아름다운 질문이고 스스로 원하는 미래를 만들어 가는 방법이다. 이해를 통해 용서할 수 있다는 점을 인정한다면, 그리고 그저 시간의 문제, 적용의 문제일 뿐이라는 점을 인정한다면 인생 드라마의 시작 단계에서 곧바로 용서의 권리를 행사하는 편이 곪음-무기력-마지못한 치유-최종 회복으로 이어지는 순환 과정을 모두 거치는 것보다 나을 것이다.

　용서는 자신을 더 넓은 경험 속에 놓는 것이다. 우리는 성숙함의 빛으로 자신을 재정립하고 새로운 정체성의 빛으로 과거를 다시 쓴다. 상처받고 좌절했던 것보다 더 큰 이야기를 자신에게 부여하는 것이다.

　용서하려 애쓰는 진실한 행동은 실제 성공으로 이어지지 못한다 해도 그 자체로 축복이자 용서다. 이는 우리에게 주어진 커다란 자비가 아닐 수 없다.

　인생의 끝에서 용서받고픈 바람은 거의 모든 인간의 궁극적 욕구다. 그때까지 굳이 기다리지 않고 지금부터 그 용서를 남들에게 베푼다면 우리는 마지막 순간, 충분히 용서받을 만큼 크고 너그러우며 유능한 존재가 되어 있지 않을까.

16
우정

친구가 되려면
상대와 상대의 단점, 상대가 힘들어하는 점을 알아야 하며
상대가 가장 좋은 모습이 될 수 있도록 격려해야 한다.

우정은 존재의 거울이며 용서의 시험대다. 우정은 다른 사람의 눈으로 자신을 바라보도록 할 뿐 아니라 나의 잘못을 반복하여 용서받고 나 역시 상대를 용서해 주는 과정을 거쳐서만 오래 지속될 수 있기 때문이다.

친구는 나의 어려움과 그늘을 알고, 보이는 곳에 머물러 준다. 친구 따위 필요 없다는 이상한 착각에 빠지는 승리의 순간보다는 취약함이 나타나는 순간에 친구는 동반자가 된

다. 진정한 우정 아래에는 축복이 흐른다. 이해와 자비를 통해 거듭거듭 축복의 기본 형태가 정립되기 때문이다. 친구가 된 기간과 상관없이 어떠한 우정이든 지속적인 상호 용서에 바탕을 둔다. 인내와 자비가 없다면 우정은 사라지고 만다.

여러 해를 거치면서 우정이 쌓일수록 나와 상대 안의 그늘이 드러난다. 친구가 되려면 상대와 상대의 단점, 상대가 힘들어하는 점을 알아야 하며 상대가 가장 좋은 모습이 될 수 있도록 격려해야 한다. 비판하는 것이 아니라 상대의 좋은 면, 창의적인 자질을 말해 주면서, 상대가 옹졸하고 인색해져 본모습을 잃어버리게끔 하는 요소들을 은근슬쩍 억누르면서 말이다.

진정한 우정의 시선으로 볼 때 인간은 매일매일 행동으로 드러나는 것보다 더 큰 존재다. 상대의 시선을 통하면 우리는 자신이 어떤 사람인지, 무엇을 추구하는지, 어떤 신뢰를 받고 있는지 더 잘 알게 된다. 우정은 자신과 상대, 그리고 아직 실현되지 않은 가능한 미래에 이르기까지 이해의 장을 넓혀 준다.

우정은 모든 인간관계를 변화시킬 수 있는 숨은 힘이다.

부부 관계의 갈등을 해결하고, 업무의 경쟁 관계를 명예롭게 만들며, 가슴 아픈 짝사랑에 의미를 부여하고, 부모 자녀 관계를 더 성숙시키는 밑거름이 된다.

우정이 인간 삶에 항상 작용하는 힘이라는 점은 놓치기 쉽다. 친구가 줄어든다는 것은 삶이 위기에 처했음을 가장 먼저 드러내 준다. 업무가 과중할 때, 우리 직업에 대해 과도하게 의미를 부여할 때, 아무리 평범한 사람이라도 겪을 수밖에 없는 힘든 상황에서 누가 곁을 지켜 줄 것인지 잊을 때 우리는 이러한 상황에 놓인다.

친구의 눈을 통해 우리는 남들에게 아주 작은 관심이라도 유지하는 법을 배우게 된다. 세상이나 남들에 대한 호기심이 사라지고 인간성이 희박해질 때 우정은 생명력을 잃는다. 우정을 파괴하는 두 번째 요소가 지루함인 것이다.

여러 해 동안 이어진 인간관계에도 자연스레 존재하는 의외성을 통해 우리는 인간이 아닌 다른 것과의 더 크고 놀라운 관계망에 눈을 뜨고 더 넓은 신뢰 관계를 깨닫게 된다. 대지와, 하늘과, 지평선과, 계절과, 심지어는 겨울의 소멸과 친구 되는 법을 배우는 것이다. 그 신뢰 속에서 자신의 여정에 스스로 좋은 친구가 되어 주는 어려운 과업도 수행한다.

우정은 죽음을 초월한다. 육체가 소멸한 후에도 우정은 이어지므로 한쪽이 세상을 떠나 부재하더라도 내적 침묵의 대화라는 교류 방식으로 관계는 발전과 성숙을 지속한다.

진정한 친구를 두는 것이나 오랜 친밀 관계를 유지하는 것의 의학적 효과가 무엇이든 우정의 궁극적 의미는 자신이나 상대의 개선에 있지 않다. 그 궁극적 의미는 지켜보는 데 있다. 누군가 나를 지켜봐 주고 나도 상대의 핵심을 봐 줄 권리를 누리는 것, 함께 걸어가고 상대를 믿어 주는 것, 혼자서는 성취하기 어려운 여행길에서 얼마 동안이든 동행을 얻는 것 말이다.

17
천재성

천재성은 '아래에 서다(understand)'라는 단어를

의미 그대로 이해하는 것이다.

태어날 당시의 별자리 아래에 서서

밤의 지평선 너머 감춰진 별 하나,

미처 알지도 못한 채 지금껏 뒤따르던

그 별을 찾고자 한다는 것을.

본래 의미로 보자면 천재성은 우리가 이미 갖고 있는 것이다. 천재성(genius)의 고대 어원은 특정 장소의 특정 상태를 말한다. 라틴어 'genius loci'는 장소의 영혼, 다시 말해 공기, 대지, 나무, 언덕, 절벽, 흐르는 물과 물을 가로지르는 다

리 등이 만난 모습을 뜻한다. 한 장소를 온전하게 만들어 주는 모든 요소들의 대화다. 피부를 스치는 바람, 물의 특별한 서늘함과 향기, 주어진 실제 지리적 공간의 산과 하늘 등이 다 포함된다. 절벽, 시내, 다리가 있는 장소는 세상에 많고 많지만 특정 장소의 특정한 영혼, 바로 그 분위기와 그 날씨는 두 번 다시 없다.

그 장소의 위도와 경도, 특징적인 바람, 식물의 향기와 색깔, 선선한 이른 아침 태양 빛의 각도가 합쳐져 지구상 그 어디에도 없는 고유함이 만들어진다. 그 공간에서 만나는 모든 요소들이 합쳐져 공간의 천재성을 이루는 것이다. 인간의 천재성 역시 신체라는 지리(地理)가 세계와 대화하는 과정에서 만들어진다.

인간의 몸은 영혼과 정체성을 충만하게 지닌 살아 있는 지리다. 자신의 천재성을 살아 낸다는 것은 우리 삶과 우리가 이어받은 유산의 모든 요소들이 만나는 지점에 사는 것이리라. 우리 각자는 자신을 창조된 지리로, 물려받은 흐름의 집합으로 여겨야 할 것이다. 우리 각자에게는 선조에게서 물려받은 고유한 서명이, 풍경이, 언어가, 아직 다 말해지지 못해 반쯤은 감춰진 우리 삶의 지형, 즉 기억과 상처, 승리와 이야기들이 있다. 또한 우리 각자는 변화하는 계절적 기후 전선이기도 하다. 우리를 통과해 불어오는 것은 성장하면서 발휘한 재능이나 겪은 상처이기도 하지만 조상들의 재능이나 상처일 수도, 의식적 무의식적으로 이어져 내려온 이야기들일 수도 있다.

우리 천재성을 살아 낸다는 것은 자신이 물려받은 특정한 몸과 우리를 만드는 세상이라는 몸 사이의 대화를 살아 내는 것이다. 천재성은 성취를 통해서만 도달할 수 있는 고정된 지점이라기보다는 나 개인의 물리적인 몸이 세상의 다른 모든 몸들과 만나는 장소에서 살고 숨 쉬는 능력에 가깝다. 바람을 호흡하고 내면의 진동에 떨며 주기적인 홍수에 쓸려 가고 재정비되는 몸, 어렵게 자기 언어를 얻고 질서 잡을 수 없는 것들의 질서 잡기를 시도하지만 동시에 계절에 순종하며 나름의 행복과 슬픔을 따르는 몸 말이다. 자신을 위해 특정한 하나의 미래를 고안하지만 결국 다른 모든 미래들과 대화하며 만들어지는 몸이기도 하다.

천재성은 특정 재능인 동시에 아직 실현되지 않은 가능성이다. 사용되어 표면에 떠오를 고정된 내적 자원이 아닌, 추구하고 심화하고 이해하고 축하해야 할 대화다. 천재성은 물려받은 것과 지향하는 것이, 말해진 것과 말해질 수 있는 것 및 아직 말해지지 못한 것이, 우리의 실제 능력과 우리를 끌어당기는 중력 수수께끼에 대한 우리 관계가 서로 만나는 지점이다. 우리 천재성은 '아래에 서다(understand)'라는 단어를 의미 그대로 이해하는 것이다. 태어날 당시의 별자리 아래에 서서 밤의 지평선 너머 감춰진 별 하나, 미처 알지도 못한 채 지금껏 뒤따르던 그 별을 찾고자 한다는 것을.

18
내어 주기

주기는 상상 속의 여행을 통해
자신을 상대의 몸, 마음, 기대 안에 놓아 보는 것이다.

주기는 연습을 통해서만 터득 가능한 어려운 기술이고 거의 명상에 가깝다. 주는 법을 배우기는 대개 간단하지만 그저 거듭해 주기만 하는 건 때로 가슴이 찢어진다. 어떤 관계에서든 주는 행동을 멈추면 '함께'라는 특별한 관계는 사라져 버린다. 주기는 존재의 핵심이자, 우리 성격의 시험대가 될 수 있다. 남과의 관계, 자신과의 관계, 특이하게 시간 그 자체에 대한 관계에 깊은 질문을 던지기 때문이다. 선물은 받는 사람의 성숙도에 따라 바뀌는 법이다.

적절하게 자주 잘 주는 것은 관대해지고 싶은 우리 내면의 간절함이 깜짝 놀라면서도 행복하게 받아 주는 세상 일부와 어우러져 아름답고 우연적인 조화를 빚어내는 일이다. 관대하면서도 적절하게, 그리고 (가장 어려운 고차원 단계라 할 수 있는) 감정까지 담아 순간적으로 망설임 없이 내어 주는 행동은 인간의 가장 훌륭한 자질로 인식되어 왔다.

내어 주기는 쉽게 되지 않는다. 내어 주기는 어렵다. 잘 주려면 수년간의 연습과 시범으로 훈련을 받아야 한다. 수련 단계에서는 잘못된 시점에 잘못된 상대에게 잘못된 것을 줄 수도 있다. 그러다 시간과 시행착오를 거쳐 제대로 주는 법을 익힌다. 그것은 우리 자신의 필요라는 경계를 넘어서야 한다는 의미이며, 상대와 상대의 삶을 이해해야 한다는 의미다. 가장 중요하게는 우리 자신이 스스로는 알아볼 수도, 심지어는 찾을 수조차 없는 무언가를 받는 입장이 되어야만 한다는 것을 암묵적으로 인식한다는 의미다.

주는 행동의 지평은 헤아릴 수 없을 정도로 크고 깊다. 여기에는 (함께함에 필요한 유대와 의존을 만들어 내는) 실용적 측면과 (상대가 살아 있어야 한다는, 그리하여 앎뿐 아니라 삶의 특권을 누리면서 내어 준 누군가와 받은 무언가를 모두 인식하는 놀라운 능력을 발휘한다는) 존재적 측면이 모두 존재한다. 우리가 아는 한 인간 외 그 어떤 피조물도 이런 식으로 상대의 영혼을 온전히 인식하는 능력을 갖지 못한다.

주기는 상대에게 관심을 기울이고 상상 속에 접촉을 해 왔다는 의미다. 주기는 그 자체로 관심의 형태이고 나 이외 다른 존재의 삶에 대해 인식하고 감사하는 방식이다.

주기의 첫 단계는 비용을 마련하고, 목록을 작성하고, 상점이나 인터넷을 검색하는 것일 수 있지만 그 핵심은 심사숙고하는 과정에 있다. 상대에 대해, 자선에 대해, 그 이유에 대해, 꼭 필요한 것 찾아내기에 대해, 관계에 대해 심사숙고하는 것이다. 여기서 놀라운 이해가, 받는 사람을 놀라게 할 능력이 생겨난다. 받는 사람은 누군가 자기를 이해해 준다는 데, 자신조차 알지 못했던 필요를 정확히 찾아 주었다는 데 놀라게 된다. 선물 주기의 최대 효과는 상대가 받을 자격이 충분하지 않다고 느끼는 것을 줄 때, 그러면서도 과도하지 않을 때 나타난다. 이는 상대의 삶에 적절하면서도 놀라운 다음 단계를 열어 준다. 일상의 최대 만족을 뛰어넘게 해 준 상대에게 감사하면서 단번에 마음이 움직이고 무장이 해제된다.

주기는 상상 속의 여행을 통해 자신을 상대의 몸, 마음, 기대 안에 놓아 보는 것이다. 주기는 상대에게 명확하고 또한 구체적인 무언가를 해 줌으로써 우리 자신의 정체성을 이 세상에서 더욱더 실제적으로 만드는 일이다. 또한 주기는 자신의 본질 중 일부를 함께 주는 어려운 과업이다. 값비싸지 않은 사소한 물건이라도 마음을 움직이는 메모가 곁들여진다면 완벽한 선물이 될 수 있다. 물론 물불 안 가리는 연인이 주는 어마어마하게 비싸고 입이 떡 벌어질 정도로 귀한 무언가도 완벽한 선물일 수 있지만 말이다. 그러나 적절하게 주려면 작은 용기가, 직접 만나러 가서 상대에게 감사하고 미래에 대해 암묵적으로 약속하는 과정이 필요하다. 성탄절이나 기념일 선물은 이와 거리가 한참 멀다. 그건 쇼핑센터를 돌며 해치워야 하는 자동화된 과업이고 지긋지긋하게 피곤한 일이며 결국 아무것이나 대충 받게 된 상대를 모욕하는 셈이 되곤 한다.

자리에 앉아 침묵 속에서 오랫동안 생각해 보라. 선물받을 상대는 누구인가? 내가 상대를 잘 알고 지켜보고 있으며 감사한다고 말할 방법은 무엇인가? 그러다 보면 완벽한 선물이 떠오를 것이다. 선물 대신 상대가 우리 삶에서 얼마나 중요한 위치를 차지하는지 알려 주는 감동적인 편지 쓰기 쪽으로 결론이 나올 수도 있다. (노파심에서 덧붙이면 상대가 어린이인 경우에 편지는 금물이다!)

아무리 식상하다 해도 진실은 결국 진실이다. 중요한 것은 생각이고 더 중요한 것은 생각 뒤에 있는 상상력이다. 생각과 상상력이라는 두 차례의 축복을 거치면서 선물이 구체화되는 것이다.

19

감사

감사하지 않음이란
그저 관심을 기울이지 않는다는 뜻일지 모른다.

감사는 우리가 받은 것에 대한 수동적 반응이 아니다. 감사는 관심에서, 우리 안팎의 모든 존재를 인식하는 데서 나온다. 감사는 꼭 특정 사건에 뒤따르는 것도 아니다. 감사는 우리 존재가 삶이라는 선물을 이해한다는 걸 보여 주는 심도 깊은 선험적 집중 상태다.

감사는 우리가 한 차례 더 숨 쉴 수 있도록 하기 위해 수백만 가지 일들이 함께 일어나 존재하고 어우러져 호흡한다는 점을, 인간으로 참여하며 이 세상에 존재하는 것이 특권이라는 점을, 무(無)가 아닌 무언가의 일부로 우리가 존재함이 기적이라는 점을 이해하는 것이다. 그 무언가가 슬픔이나 절망일 때도 있지만 그때에도 우리는 살아 있는 세상에 존재한다. 진짜 얼굴들, 진짜 목소리, 웃음, 파랑이라는 색, 벌판의 초록색, 차가운 바람의 신선함, 겨울 대지의 황갈색과 함께 말이다.

파랑이라는 색의 기적 같은 존재를 온전히 본다는 것은 감사의 언어 표현을 찾을 필요도 없이 감사한 일이다. 딸아이 얼굴의 아름다움을 온전히 본다는 것은 신에게 감사를 표할 필요도 없이 무한히 감사한 일이다. 친구와 모르는 이들 틈에 앉아 여러 목소리와 낯선 의견을 듣는 것, 표면 아래의 내적 삶들을 느끼는 것, 이 세상 속 많은 세상들에 한꺼번에 살게 되는 것, 모든 누군가들 틈에서 나도 누군가가 되는 것, 그리하여 말하지 않아도 대화하게 되는 것은 존재의 감각을 심화하여 우리와 함께 혹은 우리 없이 이루어지는 모든 일에 대해, 참여자인 동시에 목격자로 존재한다는 점에 대해 감사하게 한다.

참여와 목격 두 가지를 통한 존재의 자애로움 속에서 감사는 가장 온전해진다. 식탁에 앉은 우리는 자신의 세상을 만들어 나가는 동시에 별다른 의지나 노력 없이도 다른 모든 사람의 세상 일부분이 된다. 이것이야말로 가장 놀라운 선물이고 감사의 핵심이다. 우리의 존재 감각이 다른 모든 존재를 만나는 순간 감사를 표할 수밖에 없다. 감사하지 않음이란 그저 관심을 기울이지 않는다는 뜻일지 모른다.

20

토대

토대는 우리를 붙잡아 주고 지탱해 주는 것이지만
진실이 아니었으면 하고 우리가 바라는 것이기도 하다.

토대는 우리 발아래 있다. 그것은 우리가 이미 딛고 서 있는 곳으로 인식의 상태다. 토대는 원하든 원치 않든 우리가 속해 있는 장소나 상황이다. 토대는 우리를 붙잡아 주고 지탱해 주는 것이지만 진실이 아니었으면 하고 우리가 바라는 것이기도 하다. 우리 기대가 어떻든 상관없이 우리에게 물리적 심리적 도전을 제기하는 존재다. 우리가 누구이고 어디 있는지, 어떤 계절에 살고 있으며, 우리 몸과 세상, 혹은 그 둘 사이 대화에 어떤 일이 일어나게 될지 알려 주는 살아 있는 밑바탕이다.

　토대로 돌아가는 것은 여러 상황에서 우리가 머무는 물리적 신체에서 집을 찾는 것, 그리고 아무리 힘들다 해도 진실과 마주하는 것이다. 토대로 돌아가는 것은 용감한 대화를 시작하는 것, 어려움 속으로 걸음을 내딛고 그 첫걸음과 함께 모든 어려움을 뚫고 움직이기 시작하는 것, 내내 우리 발을 아래쪽에서 받치고 있던 바탕을 발견하는 것이다. 그곳은 우리가 올라서야 하는 곳, 그 위에 서 있어야 하는 곳, 거기서부터 걸음을 떼어야 하는 곳이다.

21

사로잡힘

애써 생각에서 지워 버렸던 것과 대면하고
미지의 앞날을 맞이할 때, 두려움은 끝이 난다.

사로잡힘은 미해결의 평행 상태, 존재하되 온전하게 존재하지 못하는 상태다. 아직 말할 수 없는 것이 찾아온 상태라고 할까. 이 상태를 특징짓는 것은 육신을 지니고자 하는 소망, 이 세상과 다음 세상 어디서도 찾지 못한 안식처를 간절히 바라는 마음이다. 쉴 곳을 찾게끔 도와줄 존재를 기다리는 누군가나 무언가가 우리 집이나 우리 마음을 배회한다.

우리를 사로잡은 것은 늘 소멸하고자 한다. 온전한 자신이 되어 떠나가기를 바라는 것이다. 우리가 계속 사로잡혀 있다고 느낀다면, 시간이 갈수록 우리 스스로가 유령 같은 모습이 되고, 무엇을 원하는지 정확히 알지도 못한 채 헤매 다니게 된다. 그러면 거울에 비친 자기 얼굴이 온전한 생명체가 아닌 듯 보이기 시작한다. 걷는 모습도 이 세상의 존재가 아닌 듯하다. 핼러윈의 유령이나 괴물처럼 우리는 찾을 수 없는 지상의 거처를 찾듯, 이곳에 사는 이들로부터 공물을 요구하듯 거리를 헤맨다. 원치 않는 영(靈)을 퇴치하는 엑소시즘은 전 세계에 퍼져 있다. 집으로 돌아가도록 하려는 것이다. 그 영과 우리 모두가 본래 상태로 되돌아가도록, 불안한 모습과 행동을 멈추도록, 밤중에 남의 집을 거닐며 그들의 삶을 방해하지 않도록 말이다.

만질 수 없던 것을 만질 수 있는 현실로 바꾸는 상황을 두려워하지 않을 때, 사로잡힌 상태가 끝난다. 과거에 대한 우리 생각, 우리가 잘못한 사람들, 우리에게 잘못한 사람들, 우리가 돕지 못한 사람들에 대해 특히 그렇다. 우리는 자신을 용서할 때에야 현실 존재가 된다. 가장 진정한 용서는 행동의 기본 방식, 특히나 상처 준 사람들에 대한 행동 방식을 바꿀 때에야 할 수 있다. 유령에 대한 두려움, 우리 자신의 사로잡힌 마음에 대한 두려움은 이 세상에 부재하는 정도를 보여 주는 척도다. 애초부터 우리 것이 아니었던 것을 떠나보내고 이 땅 위의 취약한 존재로서 살기 시작할 때, 애써 생각에서 지워 버렸던 것과 대면하고 미지의 앞날을 맞이할 때, 두려움은 끝이 난다. 대면할 수 없었던 것과 친구가 될 때, 한동안 우리를 사로잡았던 것은 보이지 않는 협력자, 미래를 위한 손짓으로 변모한다.

어긋난 상태를 바로잡으려면 요구되는 일을 해내야 한다. 선물이 주어지기를 기다리지 말고 선물을 내주어야 우리는 현실의 가시적인 존재가 된다. 마치 처음인 양 우리 삶에 다시 걸어 들어가 머물 곳이 없던 것에 안식처를 마련해 줘야 한다. 그것에 대해 말하기 시작함으로써, 보이지 않는 것에서 보이는 것이 되고자 갈망하던 우리 내면의 요소들을 진짜로 만들어 살게 함으로써 말이다.

22
비탄

비탄은 우리가 사랑하고 사랑했던 것의 머리말이고,

피할 수 없음에도 아름다운 질문이며,

우리와 늘 함께하는 누군가 또는 무언가다.

비탄은 필연적이다. 그것은 통제할 수 없는 사람이나 사물에 애정을 퍼붓다가, 결국 우리 시야를 벗어날 수밖에 없는 존재를 계속 사랑하다가 맞게 되는 자연스러운 결과다. 아무리 오래된 부부 사이에도, 함께하는 관계가 다 그렇듯, 무수한 비탄이 존재한다.

떠나보내야 하는데 그러지 못하는 순간 비탄이 시작된다. 다시 말해 매일매일 색이 입혀지고 차지하는 자리가 커진다.

비탄은 우연한 사건이 아니라 가장 평범한 사람이라도 거치게 되는 경로다. 비탄은 사랑하는 사람과의 관계, 인생의 과업, 새로운 악기 연습, 더 관대하고 성숙한 사람이 되려는 시도 등에서 성실성을 드러내는 지표다. 비탄은 사랑과 애정의 아름답지만 무력한 측면이고 보살핌의 핵심이자 상징이다. 비탄은 나름의 지속 시간을 필요로 한다. 그리고 왔다가 가는 과정에서 아름다운 인내를 요구한다.

비탄은 우리를 성숙시키는 길이다. 그럼에도 우리는 짝사랑, 깨어진 꿈, 일찍 떠난 자식 등 일이 잘못되었을 때에만 비탄이라는 표현을 사용한다. 비탄을, 피할 수 있는 무언가나 막아야 할 일로, 잘 살펴 비켜 가야 할 골짜기로 여기기 때문이다. 인생의 기본 요소들이 우리가 기대하는 대로 유지되기를 바라고, 인식의 시작점 이후 다른 모든 이들이 예외 없이 겪어 온 상실을 피해 가고자 바라는 것이다. 하지만 비탄은 인간다움, 이곳에서 저곳으로 가는 여행길, 그 와중에서 발견한 무언가를 깊이 사랑하는 행동의 핵심인지도 모른다.

성인이 된 후 비탄을 피해 가고 싶다는 바람은 모순적이고 철부지 같은 생각이다. 비탄은 마치 호흡처럼, 여행길의

짐 꾸러미처럼, 피할 수 없는 것이자 우리 삶에 필수적인 것이다. 인간이 선택하는 어떤 성실한 길에서든 비탄은 자기 몫을 요구한다. 비탄이라는 원초적 깨달음 없이는 진짜 삶이 없는지도 모른다. 더 나아가 '찢어진 심장'이라는 상상 속 장기를 지녔다가 떠나보내는 일 없이 갈 수 있는 인생길이란 아예 없는지도 모른다.

어느 심장이든 결국은 박동을 멈춘다. 이것은 객관적인 사실이다. 이로 인해 죽음을 맞을 수도 있고 다른 신체 부위가 먼저 기능을 멈춰 심장 박동을 중단시키기도 한다. 다른 한편, 심장은 상상 속에서나 심리적 의미 속에서도 찢어진다. 비탄으로 가지 않는 인간의 길은 없기 때문이다. 가장 안정적이고 애정 넘치는 결혼에서도, 신의를 맹세한 헌신 관계에서도 심장이 찢어지는 일들을 겪게 마련이다. 성공적인 결혼 생활을 하는 부부라도 그저 함께 사는 과정에서 무수히 여러 번 심장이 찢긴다. 온 마음을 다 바쳐 부모 노릇을 해도 결국 부모로서 갖고 있는 희망은 찢어지기 마련이다. 진지하게 열중한 일은 가진 것을 다 앗아가고도 계속 요구를 해 댄다. 이러니 자기 공감과 자기 성찰이 아무리 뛰어난 사람이라 해도 결국은 존재론적 불만에 빠지고 만다.

비탄을 피할 수 없다는 점을 깨달았다면, 비탄이 막다른 길이나 희망의 끝이 아니라, 우리가 원했거나 곧 잃게 될 것의 핵심이 된다. 비탄은 우리가 삶과 맺는 관계 속에 숨은 DNA다. 그 존재를 느끼지 못할 때조차 그것은 우리의 외적 형태를 만들고 있다. 비탄은 슬픔 속에서 우리를 가루로 만들어 버릴 수도 있으며, 남은 것으로 씨앗을 뿌리게 할 수도 있고, 혹은 폐허 속에 섰을 때조차 감사하게끔 할 수도 있다.

비탄은 필수적이고 피할 수 없기에, 비탄을 찾아 친구가 되는 편이, 늘 옆에 존재하는 교훈적인 친구로 바라보는 편이, 가장 충격이 큰 순간에든 되돌아보는 순간에든 비탄을 보상으로 여기는 편이 나을지도 모른다. 비탄은 대안적인 길을 찾지 못하게 한다. 대안적인 길은 없으니 말이다. 비탄은 우리가 사랑하고 사랑했던 것의 머리말이고, 피할 수 없음에도 아름다운 질문이며, 우리와 늘 함께하는 누군가 또는 무언가다. 또한 우리가 움켜쥐고 있던 방식을 놓아 보내도록 요구하고, 결국 모든 것을 놓아 버릴 마지막을 준비하게끔 하는 것이다.

23
도움

우리는 절대적으로 도움을 받아야만 하는 존재로 태어났기에
내밀어 준 손들을 끊임없이 붙잡아야만 성장할 수 있다.

이상하게도 우리는 아무런 도움 없이 해내려 한다. 도움을 받는다는 생각만으로도 개인적 노력의 경계가 희미해지고 망가진다는 듯, 앞으로 나아가기 위해 얼마나 많은 도움이 필요한지 인정할 수 없다는 듯 말이다. 우리는 절대적으로 도움을 받아야만 하는 존재로 태어났기에 내밀어 준 손들을 끊임없이 붙잡아야만 성장할 수 있다. 어른이 된 후에도 경쟁력 있는 개인으로 더 성공하고 삶의 가능성을 잡기 위해 남에게 의존한다. 혼자 일하는 작가조차 독자를 필요로 한

다. 독재를 휘두르는 대장은 충실한 부하를, 무소속 후보자는 유권자를 필요로 한다.

우리는 늘 도움을 받아야 하는 존재일 뿐 아니라 삶의 각 단계를 넘어설 때마다 달라지는 도움 요청 방식을 습득해야 한다. 각 단계마다 특정 시점에 특정 방식으로 구체적인 도움을 청할 수 있어야 한다. 심지어 마지막 순간에 존엄하게 떠날 수 있는지의 여부는 그 죽음을 남들이 기꺼이 도와줄 것인지에 달려 있다. 그리고 남들이 주는 그 도움은 우리 자신이 살면서 베풀었던 도움에 상응하곤 한다. 모든 전환과 변화의 중심에는 거기에 꼭 들어맞는 관대함을 요청해야 할 필요성이 있다.

출산이 임박하면 당연히 도움을 구해야 한다. 출산할 장소, 산파, 의사, 곁을 지킬 남편이나 연인, 신생아를 누일 자리, 새 생명을 돌봐 줄 손길 등 말이다. 태어난 아이는 엄마 젖, 밤 시간에 안고 얼러 주는 손길, 기저귀 바꾸기, 목욕, 옷 갈아입기, 애정이 담긴 속삭임 등 무한한 도움을 필요로 한다.

부모가 된 이들에게는 또 다른 도움이 필요하다. 아이의 조부모, 이웃의 다른 부모, 아이의 놀이 친구, 때로는 포도주 여러 병과 끝없이 곯아떨어지는 잠까지. 부부 관계가 다음 단계로 나아가기 위해 새로운 시각, 새로운 상상력도 요구된다. 낭만적 사랑은 잠시 정지되고 해야 할 일 처리가 우선순위가 된다. 부부 관계 자체도 도움을 받아야 한다.

부모든 아니든 존재의 매 단계에서 계속 요청하게 되는 관대한 도움은 두 종류로 나뉜다. 보이는 도움과 보이지 않는 도움이 그것이다. 보이는 도움은 실용적이고 거래적인 속성을 지닌다. 잠자리와 식사를 얻으려면, 사람을 써서 도움을 받으려면 대가를 지불해야 하니 말이다. 하지만 미지의 단계로 들어설 때 가장 필요한 것은 인식하기 어렵고 보이지도 않는 두 번째 도움인지도 모른다. 천사나 평행 세계(parallel worlds)의 개입이라는 전통적 개념으로 바라보아도 좋고, 필요한 줄 미처 몰랐던 도움이라는 일상적 의미로 생각해도 좋다. 보이지 않는 도움은 미처 준비되지 않은 채 받는 도움이다. 우리가 보일 수 있는 반응은 뜻밖의 일에 놀라는 것, 그리고 이해의 영역 바깥에서 막 일어나려는 일에 주의를 기울이는 것뿐이다.

인간의 삶에 어마어마하게 많은 도움이 필요하다는 점은 태어나 첫 울음소리를 낸 순간부터 살아가는 내내 변치 않는다. 첫 몇 년 동안 특별한 신체적 도움이 필요하고 어린 시절에도 계속 도움을 받다가 청소년기에는 특별한 감정적 도움과 행운이 필요하다. 그 이후로는 지속적인 도움이 미묘하게 살짝 감춰지는 탓에 자신이 홀로 생존할 수 있는 독립적 존재가 되었다고, 나름의 답을 구할 수 있는 우주의 한 존재가 되었다고 착각하기도 한다.

도움의 필요성을 알고 도움 받을 곳을 아는 것, 가장 중요하게는 도움을 청하는 방법을 아는 것은 이전 단계에서 벗어나 삶의 새로운 단계로 나아가기 위해 1차적으로 요구되는 일이다. 인생의 핵심 고비마다 특정한 종류의 도움이 필요하다는 것을 이해하지 못한다면, 그리고 기꺼이 그 도움을 청하도록 하는 단단한 취약성이 없다면 우리는 다음 문을 통과할 수 없다. 다시 태어나는 과정을 거칠 수 없다.

눈에 보이는 도움과 보이지 않는 도움을 요청하는 것, 정확히 필요한 도움을 요청하는 것, 그리고 자신이 충분히 그 도움을 받을 만한 존재라고 느끼는 것은 그 자체가 변화의 동력인지도 모른다. 도움을 받아야만 한다는 우리 최대의 취약성은 삶의 다음 지평을 열기 위해 통과해야만 하는 문일 것이다.

마지막에는 또 다른 시작이 온다. 미지의 최후를 향해 문이 열리고 보이지 않는 목소리가 우리를 도우려 한다는 고대의 개념은 우리의 소멸로 매듭지어진다. 지평선 너머에서 내밀어진 손은 우리가 태어날 때 잡았던 그것처럼 신비롭다.

24

숨기

숨는 것은 외부의 간섭과 통제를
창의적이고 아름답게 전복시키는 방법이다.

숨는 것은 살아 있기 위한 방법이다. 빛 속으로 걸어 나갈 준비가 될 때까지 자신을 붙잡는 길이다. 숨는 것은 야생 세계에서 거의 필수적인 생존 방식이다. 얼음 덮인 북극의 고요함, 여름에 피어날 장미의 작은 봉오리, 눈 속에 파묻혀 겨울잠을 자는 곰 등. 숨기는 과소평가되어 있다. 우리 인간도 밝은 세상에 처음으로 모습을 드러내기 전까지 엄마 자궁에 숨어 성장하고 준비를 마친다. 너무 일찍 세상에 나오게 되면 당장 집중 치료를 받아야만 한다.

적절하게 숨는 것은 미래에 반드시 출현하겠다는 믿음직한 약속이다. 배아와 어린아이, 심지어는 젊은 청년들도 우리를 붙잡아 속박하는 이름들로부터 물러나 숨는다. 너무 쉽게 우리를 알아채고 너무 쉽게 이름 붙이는 속박 말이다.

우리는 영혼이 해부되고 뭐든 즉각 발각되는 시대에 산다. 생각, 상상, 바람은 너무 많이, 너무 일찍, 너무 자주 빛 속에 노출된다. 우리의 가장 좋은 자질들은 이미 아이디어로 넘쳐 나는 세상에서 너무 빨리 찌그러진다. 자신에 대한, 그리고 남들에 대한 생각이 압박을 받는다. 참된 것은 거의 언제나 숨은 채 시작되고, 상황을 다 안다고 오해하는 우리 마음으로부터 이해받기를 바라지 않는다. 우리 안의 소중한 것은 그 존재를 축소해 버리기 일쑤인 마음의 인정을 바라지 않는다.

숨는 것은 남들의 오해로부터 자유로워지는 행동이다. 강압적인 비밀 정부나 사적 기관들이 우리에게 이름과 요구를 정해 주어 숨을 곳이 없도록 만드는, 그리하여 절대적 이름, 절대적 감시, 절대적 통제 속에 억누르는 닫힌 세상에서는 더더욱 그렇다. 숨는 것은 남들로부터, 우리가 스스로에 대해 지닌 잘못된 생각으로부터, 우리를 완벽하게 철저히 관리하려는 강압 시도로부터 독립하려는 것이다. 숨는 것은 외부의 간섭과 통제를 창의적이고 아름답게 전복시키는 방법이다. 숨는 것은 삶을 그 자체로 만들고 나아가 그 자체를 뛰어넘도록 한다. 숨는 것은 우리가 적절한 인간 미래의 빛 속으로 나가기 위해 필요한 급진적 독립이다.

25

정직함

정직함은 진실을 듣고 싶지 않은 마음과

우리가 얼마나 가깝고도 필요한 관계를 맺고 있는지

이해할 때 다다를 수 있다.

슬픔과 상실의 문을 통과해야 정직함에 다다를 수 있다. 우리가 마음과 기억, 몸을 지니고 갈 수 없는 곳이라면 남들과, 세상과, 자기 자신과 마주해 솔직해질 수 없다. 어떤 형태든 상실의 두려움은 의식적으로나 무의식적으로 부정직함을 낳는 요인이 된다. 우리 모두는 어떤 모습의 상실이든 두려워한다. 우리 모두는 소멸의 가능성 앞에 사로잡히거나 압도된다. 그리하여 우리 모두는 부정직함으로부터 겨우 한

걸음 떨어져 있을 뿐이다. 모든 인간은 넘어서기 두려운 폭로의 문과 아주 가까운 곳에 산다. 정직함은 진실을 듣고 싶지 않은 마음과 우리가 얼마나 가깝고도 필요한 관계를 맺고 있는지 이해할 때 다다를 수 있다.

진실을 말하는 능력은 문간에 초조하게 서 있는 게 어떤 것인지, 실제로 그 문을 넘어서 아름답고 정직한 영혼의 전사가 되기를 바라면서도 서성거리기만 하는 상태를 표현하는 능력이다. 정직함은 근원적 진실을 드러내 자신이나 남의 인생에 대한 권력을 얻는 것이 아니라, 존재가 지닌 미지의 취약성 속으로 굳세게 들어가 자신이 얼마나 무력하고 무지한지, 알지 못하는 상태가 얼마나 두려운지, 가장 평범한 삶조차 피해 가지 못하는 상실이 얼마나 당혹스러운지 인정하는 것이다.

정직함은 겸손함에, 더 정확히는 굴욕감에, 자신이 무력하다는 분명한 인정에 기초한다. 정직함은 사실을 드러내는 것이 아닌, 우리가 얼마나 깊이 두려워하는지 이해하는 것에 존재한다. 정직하려면 전적으로 굳건한 무력함에 나를 맡겨야 한다. 정직함은 알지 못한 채 살게끔 허락해 준다. 우리는 전체 이야기를 모른다. 이야기 속 어디에 우리가 있는지 모른다. 누가 잘못을 했는지 결국 누가 비난받게 될지 모른다. 정직함은 상실이나 비탄을 피하는 무기가 아니다. 정직함은 현실의 가장 단단한 밑바탕, 우리가 실제로 살고 있는 바로 그곳에 갈 수 있는 능력을 외적으로 진단하는 것이다. 이득과 상실 사이에 현실적인 선택이 존재하지 않는, 살아 숨 쉬는 최전선 말이다.

26

이스탄불

우리는 콘스탄티노플과 이스탄불,

심지어는 옛 도시 스탐불이다.

이 도시가 그랬듯 우리 역시

과거와 현재 사이의 경계를 평생 지니고 간다.

서구인의 상상 속에서 이스탄불은 다리, 교차점, 역사와 문화의 만남, 소설적 모험이 펼쳐지는 이국의 배경으로 존재하지만 동시에 문턱이자 닫힌 문, 어디로도 이어지지 않는 다리, 질문이 멈춰지는 한편 다시 질문이 생겨나는 곳이다. 그곳을 찾은 서구인의 마음이 다시 여행을 떠나가기 어렵게 만드는 장소다.

끝나 가는 한 세계와 반대쪽 미지의 타자성 사이에 놓인 갈라타 다리 위는 한층 더 강렬한 곳이다. 한쪽에서는 태양이 불 꺼진 서구의 뒤편으로 지고 다른 쪽, 우리가 임의로 동방이라 부르는 장소 위로 노랗고 검붉은 달이 떠오른다. 알려진 것과 알려지지 않은 것 사이에서 이스탄불은 진짜 사람처럼 살아 숨 쉬고 다리 난간을 메운 노련한 낚시꾼들의 낚싯대는 마치 잘 훈련된 합창단처럼 머리 뒤쪽으로 크게 곡선을 그렸다가 골든 혼(Golden Horn)의 일렁이는 물속으로 일제히 줄을 떨어뜨린다. 이스탄불은 언제부터 자신이 우리 상상 속에 들어왔는지 알지만 어디로 가게 될지는 아직 모른다.

이스탄불 남쪽과 서쪽에는 트로이 폐허가 있다. 3천 년이 흐르도록 서구인의 마음에 후광으로 남은 그곳이다. 하지만 해안을 따라 남쪽으로 더 내려가면 현대식 주말 별장 지대가 길게 이어진다. 유럽으로부터 전과 다른 종류의 습격을 받고 있는 곳이다. 해안선이 동쪽으로 구부러지며 키프로스 북쪽을 지나게 될 쯤이면 서구인의 마음에서 사라져 버린다. 터키가 어디에서 시리아와 국경을 맞대고 있는지 아는 서구인은 거의 없다. 시리아 내부의 모습은 더더욱 모른다. 서구인 마음의 경계는 터키까지다. 이스탄불은 서구인의 상상력에 존재하지 않는 어딘가로 이어지는 북적이는 다리다.

새로 지은 고층 빌딩들이 서쪽으로 지는 빛을 받아 번쩍거리는 이스탄불 주변부를 보면, 미래는 그곳, 과거와 더 먼 고대의 이스탄불을 둘러싼 곳으로부터 올 것 같다. 도시 심장부는 미로 같은 골목들에서, 또한 차양 아래로 사프란이며 강황 같은 향신료가 높이 쌓이고, 밝은 빛깔 옷가지와 붉은 빛 도는 황금색의 끈적끈적한 벌집이 쟁여진 시장에서 박동 친다.

발전된 서구의 말끔한 포장에서 벗어나 이스탄불의 향신료 시장을 걷다 보면 고함치고 불러 대는, 위협하고 다정한, 못마땅해하고 매달리는, 사정하고 웃어 대는 인간들에 둘러싸인다. 냄새를 들이마시고 판매대를 눈에 담으면 쇠퇴했던 우리 감각이 깨어나 꽃을 피운다. 탁한 물 위에 정박한 배에서는 갓 튀긴 생선을 납작한 빵에 얹어 팔고 그랜드 바자르의 상점들이 촘촘히 이어진 터널은 또 다른 상점 터널로 이어진다. 석류와 강황의 산더미와 매대에서 풍겨 오는 사프란

향은 우리가 그저 한 존재일 수 없음을, 감각들의 한 세트일 수 없음을, 한 이름일 수 없음을 기억하게 한다. 우리는 콘스탄티노플과 이스탄불, 심지어는 옛 도시 스탐불이다. 이 도시가 그랬듯 우리 역시 과거와 현재 사이의 경계를 평생 지니고 간다. 우리는 백 가지 다른 생태들 안에 놓인 한 생태이고, 소란스러운 만남의 장소이며, 직접 인식되는 바깥세상으로부터 간접적이고 알 수 없는 아직 말해지지 않은 내부로 이어지는 다리다. 우리는 현재를 살지만 모든 과거, 그리고 미래가 이미 진행되고 있다. 그 거리를 걸으며 아직은 당당하지만 마지못해 사라지기 시작한 저녁 태양빛 속으로 섞여 들어가는 그 순간에 말이다.

27
기쁨

기쁨은 우리가 사랑하는 존재가 내보이는 한순간을
선물로 선뜻 받아들이는 것이다.

기쁨은 깊은 의도와 자기 망각이 만나는 장소이며, 우리 바깥이라 여겨졌으나 이제는 움직이는 경계가 된 것과 우리 내면의 것이 어우러지는 결합 상태, 우리와 세상 사이에서 말하는 목소리다. 춤, 웃음, 애정, 피부와 피부의 맞닿음, 차 속에서 노래 부르기, 부엌에 흐르는 음악, 대체할 수 없는 다정하고 수줍은 딸아이 등이 모두 기쁨이다. 자기 자신이라고 생각했던 것과 절대로 자신이 아니라고 생각했던 것 사이의 경계 지역에 존재하는 세계의 매혹적인 아름다움이다.

기쁨은 힘들게 연습해 얻어지기도 하지만 예기치 않게 갑자기 주어지기도 한다. 더 나아가 기쁨은 놀랍게도 우리가 죽음과 맺는 관계, 그리고 우리 삶이 죽음과 맺는 관계를 보여 주는 척도이기도 하다. 기쁨은 필요나 요청에 앞서 스스로를 먼저 놓아 버리는 행동이고 훈련된 너그러움이다.

기쁨은 넘치는 사랑의 심오한 형태이기도 하지만 존재의 찰나성, 우리가 사랑하는 존재가 내보이는 한순간을 선물로 선뜻 받아들이는 것이기도 하다. 우리 삶에 한 번 왔다가는 사라지는, 두 번 다시 일어나지 않을 무언가를 말이다. 얼굴들, 목소리들, 기억, 첫 봄날의 향기, 겨울날 장작불, 죽어 가는 부모의 마지막 숨결은 기억 속에 저장되고 이로부터 사랑을 주는 존재와 꽃피는 부재(不在) 사이에 드물지만 생생하고 아름다운 경계선이 만들어진다.

충만하고 자유로운 기쁨을 느끼려면 완전히 너그러워져야 한다. 두려움의 경계를 넘어가야 하고 불안과 걱정에 가득한 자아를 떨쳐 버리고 고마운 죽음, 소멸, 내어 줌을 느끼면서 우정의 웃음소리에 나를 맡겨야 한다. 행복의 취약성, 그 행복의 상실이라는 취약성이 불현듯 힘이자 위로이자 원천으로 다가오게 된다. 생생한 대화 속에서 우리 자리를 찾고 산과 하늘, 사랑하는 익숙한 얼굴 속에 존재하는 명백한 특권을 누리는 것이다. 내가 거기 있었고 네가 거기 있었으니, 우리는 함께 세상을 만들었던 것이다.

28

외로움

↡

출구는 생각보다 가까이 있다.

나는 혼자이되 그러므로 나는 소속되어 있다.

외로움은 말해지지 않았고 아직 명확하지도 않은 욕구로 들어가는 입구다. 외로움으로 인한 신체적 고통은 참된 우정에서, 적절한 일에서, 오래 찾아 헤맨 사랑에서 자신이 얼마나 멀리 떨어져 있는지 이해하는 첫 단계다. 외로움은 감옥이 되어 우리가 소속될 수 없는 세상을 그저 내다보게 만들기도 한다. 외로움은 신체적 고통과 고행이기도 하다. 하지만 온전히 그 안에 머무를 경우 외로움은 미지의 거대한 무언가 혹은 누군가를, 우리가 자신이라 부르고 싶은 바로 그

것을 요청하고 부르는 목소리가 될 수 있다.

외로움은 계속 부르게 만드는 용기를 주는 상태다. 충분히 경험할 경우 부르는 존재에서 응답해 주는 먼 지평으로 아름다운 전환을 이룰 수도 있다.

크게 보았을 때 외로움은 특권이다. 지성과 판단력으로 능력을 증폭하여 외로움을 느낄 수 있는 존재는 다른 어떤 피조물도 아닌 인간뿐이다. 동물도 본능적인 외로움을 느끼고 동족의 다른 개체에 자연스럽게 끌린다. 하지만 놓치고 있을지 모르는 특정한 삶을 규명하고 상상하고 부를 줄 아는 존재는 인간만이 유일하다.

외로움은 소속됨의 토대이자 요소이고 우리를 집으로 이끄는 자기장이며 고립이라는 그 아름다운 핵심으로부터 바깥으로 내밀어 함께함을 이루고자 하는 손짓이다. 자신이 완벽하게 혼자임을 느끼게 하는 것은 고립된 삶의 본질을 이해하는 방법이다. 외로움을 친구로 삼는 것은 타인을 맞이할 토대를 닦는 훈련 기회다. 혼자임을 느끼는 것은 돌이킬 수도 표현할 수도 없는 자신의 독자성과 대면하는 것, 그러면서도 그 독자성이 입을 맞출 수도, 대화를 이끌 수도, 함께하는 삶을 약속하거나 구속할 수도 있음을 아는 것이다. 이 세상에서 시각, 지성, 아이디어를 통해 남들과 연결되어 사회를 이루도록 해 주는 것은 바로 이 독자성이다.

외로움은 개념이 아닌, 몸의 상태다. 다른 몸과의 물리적 접촉을 통해서든 대화를 통해서든 지성이나 상상력을 매개로 해서든 근접하고자 하는, 심지어 결합하고자 하는 상태 말이다.

외로움 덕분에 우리는 나 아닌 다른 이들의 목소리에 진심으로 귀 기울이게 된다. 혼자 있음은 타인이 지닌 치유의 힘을 발견하게 해 준다. 가장 짤막한 이메일 한 줄이 가장 외로운 영혼을 치유하고 용기와 생기를 주고 집을 찾게끔 한다. 외로운 인간이 외로운 이유는 어딘가 소속되어야 하는 존재이기 때문이다. 외로움은 의식적인 소속됨을 가능케 하는 우리 존재의 본질이다. 출구는 생각보다 가까이 있다. 나는 혼자이되 그러므로 나는 소속되어 있다.

29

갈망

갈망 속에서 우리는 움직이고 있다.

우리가 우리 자신이라 부르고 싶은

그것을 향해서.

    갈망은 외로움의 변형이다. 달, 별, 밤하늘, 그리고 인생과 사랑이라는 거대한 파도로부터 시효 지난 초대장을 받은 사람 내면의 방어벽 없는 비밀이다. 갈망은 신성한 불만 상태다. 견디기 힘든 현실에서 경탄과 발견의 출구를 찾아 두려움과 용기, 모욕과 유혹을 느끼면서 순례의 영혼으로 거듭나 길을 떠나게 하는, 우리 몸 한중간에서 시작된 그 길이 바깥으로 뻗어 가 마치 무자비한 초청장처럼, 혜성 꼬리처럼,

줄지 않는 아픔인 동시에 파도의 잡아당김처럼 느껴지면서 우리가 완벽한 집을, 대가를 치른 가정을, 축적된 소속을 기꺼이 포기하도록 만들어 버리는 것 말이다.

갈망은 몸의 아픔이라는 렌즈를 통해 느껴지면서 지평선을 확대하고 끌어당긴다. 그리하여 지평선은 한 차례 삶만큼의 거리에 놓인 동시에 미지의 어떤 핵심 깊숙이 자리 잡은 것처럼, 우리가 다가가야 하는 아름답고 익숙하게 응축된 낯섦인 것처럼 보이게 된다.

낭만적 사랑을 갈망하고 소유하는 순간, 몸은 남에게 저당 잡혀 버리고 모든 감각을 저 먼 곳에 빼앗겨 더 이상 자신을 알 수 없게 된다.

갈망은 아름답고 이유 있는 모욕 상태를 낳는다. 우리가 자신이라 여겼던 토대가 실추되고 중앙 통제가 사라져 버리는 동시에 새롭고 꾸준한, 재치 넘치고 주변적인 차별이 주어진다. 정적이고 고집 센 중심 자아는 구멍 뚫리고 상처 입고 거부되고 버려진다. 마치 물결에 둥둥 떠내려가듯, 바구니에 담긴 아기 모세가 나일 강 갈대숲에 여기저기 부딪히며 떠내려갔듯 말이다. 공포에 빠져 서로 밀치며 움직이는 군

중 틈에서 길을 잃은 아이처럼, 때로는 독수리 발톱에 붙잡혀 하늘로 들어 올려진 겁먹은 사냥감처럼.

갈망은 나름의 비밀, 미래의 지향점, 내면으로부터의 주기적 출현, 핵심부로부터의 성숙, 우리 몸속에서 자라는 씨앗을 지닌다. 우리 안의 머나먼 거리와 관계를 맺게 되면서 의지와 무관하게 미지의 시간표에 따라 알 수 없는 근원으로 다시 끌려가는 것처럼, 그와 동시에 연인, 미래, 변형, 스스로에게 원하는 삶, 우리를 둘러싼 하늘과 땅의 아름다움에 아주 가까워졌다는 느낌을 받는 것처럼 말이다.

날카로운 가장자리가 없다면 갈망은 아무것도 아니다. 우리를 베고 상처 내는 동시에 자유롭게 만들고 우리에게 필요한 딱 그 정도의 위험을 동반하므로 매력적인 그 가장자리 말이다. 우리는 자신을 거는 경험을 위해 이 세상에 있다는 것, 우리는 남들과 낯섦으로 향해야 하는 존재라는 것, 또한 우리는 옳은 것, 옳은 여성이나 남성, 아들이나 딸, 옳은 일, 혹은 온갖 확률을 뚫고 주어지는 선물을 위해 스스로를 위험에 빠뜨려야 한다는 것이 그 근본적 본능이다. 갈망 속에서 우리는 움직이고 있다. 추상적인 앎으로부터 아름다운, 곧

닿을 것만 같은 누군가, 무언가, 어딘가를 향해서. 우리가 우리 자신이라 부르고 싶은 그것을 향해서.

30

성숙함

성숙함은 우리가 더 큰 사람이 되도록,

더 유연하며 더 근원적인 사람이 되도록,

덜 꽉 막히고 덜 일방적인 사람이 되도록 이끌어 준다.

성숙함은 여러 맥락 속에서 공평하고 온전하게 살아 내는 능력, 특히 수많은 슬픔과 상실을 감내하고 과거와 현재, 미래를 한꺼번에 용감하게 살아 내는 능력이다. 성숙함에서 나오는 지혜는 양자 선택에 대한, 인간 정체성을 형성하는 세 동력(이미 일어난 일, 일어나고 있다고 보이는 일, 앞으로 일어날 일)의 분리에 대한 훈련된 거부에서 드러난다.

과거, 현재, 미래 어느 하나에서만 산다든가, 셋 중 두 개에서만 산다는 잘못된 선택은 미성숙함을 드러낼 뿐이다.

성숙함은 도착 완료된 정지 상태, 그리하여 한적하고 고요한 지혜의 오아시스에서 삶을 관망하는 황금기가 아니라, 일어난 일, 지금 일어나는 일, 그리고 (다시 새롭게 상상되었다가는 곧 기다리는 미래로 합쳐지는) 우리 과거의 결과 사이에서 근본적인 경계가 해체되는 것이다.

성숙함은 우리 삶의 서로 다른 시기 사이, 삶과 죽음 사이, 당당하고 훌륭한 시민이었던 자신과 우울하고 무력해 상처받았던 자신 사이의 근본 경계를 깨뜨린다. 이들 파도가 만나 우리 삶을 산산조각 내고 후회와 자기 연민, 용서를 통해 새로 만들어진 삶이 급격한 행동 변화를 거쳐 미래로 향하는 때, 그것이 바로 성숙함이다. 진정한 성숙함은 진정한 침묵, 매일의 침묵 훈련, 드넓음의 수용, 근원적인 내어 줌으로써만 유지될 수 있다. 성숙함은 포기와 내어 줌의 훈련이고 남은 것과 진짜인 것을 보는 능력이다.

성숙함은 미성숙한 상태가 그랬듯 위험을 무릅쓰게 하지만 그 위험은 더 큰 그림, 더 큰 지평을 향한 것이다. 승리의 순간에조차 우리를 더 작게 만들어 버리는 이익 계산이 아닌, 내적 자질을 외적으로 강력하고 너그럽게 드러내는 것이 목표다.

과거의 미성숙한 상태는 거짓된 피난처, 거짓된 계산, 대안적 피난처 등으로 늘 우리를 유혹한다. 과거에 도망쳐 숨었던 장소에 숨을 수 있다고, 현재를 고립시킬 수 있다고, 미래를 확실히 예측할 수 있다고 구슬린다. 하지만 성숙함은 우리가 더 큰 사람이 되도록, 더 유연하며 더 근원적인 사람이 되도록, 덜 꽉 막히고 덜 일방적인 사람이 되도록 이끌어 준다. 우리가 과거로부터 물려받은 이야기, 우리가 현재 특권이라고 여기며 머무르는 이야기, 그리고 (우리가 충분히 크고 넓고 변화할 수 있으며, 충분히 이곳에 존재한다는 조건 아래서) 놀랍게도 우리에게 막 일어나려는 이야기 사이에 생생하고 대화적인 직관이 일어나게끔 해 준다.

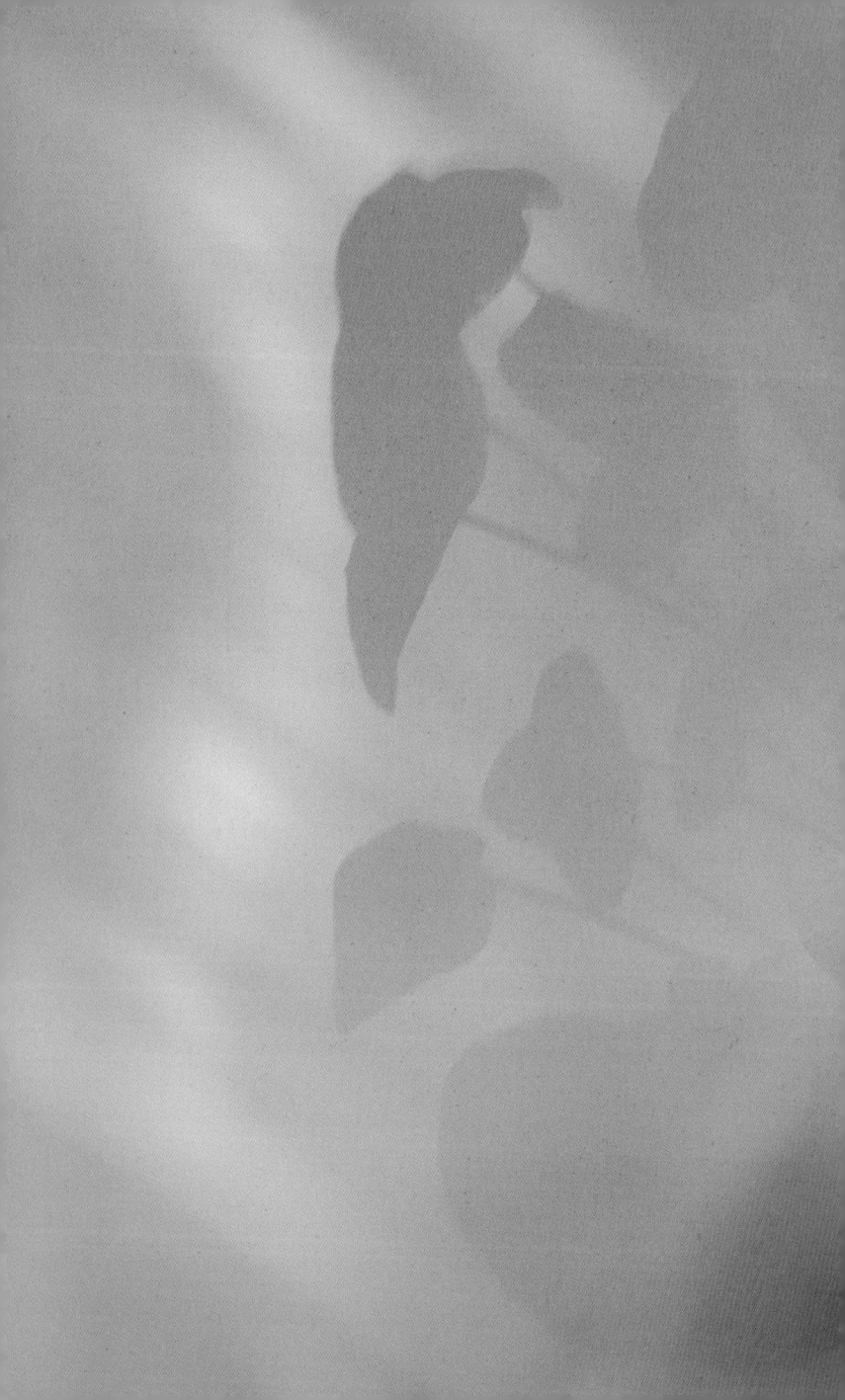

31

기억

기억은 단순히 지금으로 불러낸 그때가 아니다.
과거는 그냥 과거일 수가 없다.

    기억은 단순히 지금으로 불러낸 그때가 아니다. 과거는 그냥 과거일 수가 없다. 기억은 생명체를 관통하는 맥박이자 파동이다. 하나의 그때는 계속 다른 그때들로 바뀌어 연속되고 그 결과 손대어 바꿀 수 없는 지금을 만들어 낸다. 하지만 오로지 현재에 집착하는 요즘의 유행은 모든 시대가 평행하게 살아 숨 쉬는 존재의 다층성을 이해하지 못하게 한다.

    우주에 최초로 수소 원자가 등장하는 역사적 순간이든, 청소년에게서 처음으로 번득인 성인의 모습이든, 첫 아이를 품에 안은 생생한 신체적 감각이든, 기억은 마치 계속 전개되고 기교 수준이 높아지다가 극도의 강렬함에 도달하는 음악 선율처럼 개인의 삶을 관통해 간다. 모든 인간의 삶은 이 강력하게 전해진 파동을 유지하고 또 유지한 끝에 용량 초과 상태가 된다. 그리고 이를 바탕으로 우리는 손대어 바꿀 수 없는 현재 속에 자기 정체성을 위치시킨다. 기억은 삶의 원천으로, 현재에 대한 온전한 참여로, 막 일어나려는 미래로, 그리고 궁극적으로는 이 모두를 한꺼번에 품고 있는 경계 정체성으로 우리를 이끈다. 기억은 현재를 온전히 살게 한다.

인간 기억의 위대함은 일차적으로 경험을 통한 그 생성에, 다음으로는 그것이 마음속에 담기는 방식에 있다. 기억이 담기는 방식은 처음에 기억하기로 결심한 시점의 정체성, 그 정체성이 바깥으로 뻗어 나가는 효과, 그리고 일어날 수 있는 모든 미래의 결과들(동시에 일어나기도 하고 기억하는 사람과 함께 바뀌어 가기도 하는)에 따라 달라진다. 우리는 살아 있는 문턱으로서, 선택하고 상상하는 의지의 장소로서, 물려받은 이야기의 해석 방법과 실현 방법에 따라 갈라져 나가는 미래의 교차로로서 기억을 품는다. 그러면서 압도되기도, 상처 받기도, 여기까지 데려온 파도에 깎여 작아지기도 한다. 파도에 휩쓸려 소멸해 버릴 수도 있다. 자신을 보호하기 위해 고치를 만들고 예상했던 일이 일어날 때까지 그저 바람에 흔들리기도 한다. 반면 다른 것보다 매력적인 다른 가능성들도 있다. 기억은 우리가 개인 인간으로서 이어가는 대화의 핵심이다. 기억의 온전한 유지는 일어난 일, 현재의 일, 일어나려는 일 사이의 생생한 연결 관계를 인간이 의식하도록 한다. 알츠하이머나 뇌졸중으로 기억이 손상되면 우리는 정체성도 잃어버린다. 기억은 개인이 자유로 가기 위한 연결 통로다.

쌓여진 유산이라는 선물을 진심으로 받아들이면서 우리는 막 일어나려는 일을 만들고 좌우하는 것이 기억이라는 점, 기억은 실상 우리가 습관적으로 별 생각 없이 과거라 부르는 것과는 거의 관련되지 않는다는 점을 이해하게 된다. 고대 그리스인들이 창의적 활동으로 인식한 아홉 가지를 주관하는 뮤즈들의 어머니가 기억의 신이었다는 점을 떠올려 보라. 오늘날까지도 개인과 사회가 추구하는 창의적 활동은 기억의 몸과 자궁에서 비롯되었던 것이다.

32

이름 붙이기

사랑은 다양한 방식으로 우리에게 이름을 붙인다.

너무 빨리 사랑이라는 이름을 붙이는 건 아름다운 일이지만 끔찍한 고난을 안겨 주기도 한다. 가슴 찢어지는 비탄은 취약한 발견의 여정에서 사랑하는 사람이나 대상, 사랑하는 방식을 너무 빨리 이름 붙인 것에 대부분 기인한다.

한 사람, 일, 결혼, 사명에 몸 바치는 시작 단계에서 우리는 자신이 정확히 어떤 종류의 사랑을 하고 있는지 절대 알지 못한다. 충분히 상황을 파악하기도 전에 특별하고도 확실한 대접을 요구한다면 실망하고 결별하게 된다. 그리고 슬픔 속에서 그 특정한 사랑의 형태를 그리워하게 된다. 그 사랑의 형태가 현실 속에서 불가능한 것은 아니다. 그러나 초기의 너무 구체적인 기대를 충족시키지는 못한다. 상실감에 빠진 우리는 자신을 사랑에 실망한 존재라 생각하고 그 자랑스럽기까지 한 실망 속에서 기대하던 대접을 받지 못한 것이 더 깊고 알아채기 힘든 애정의 시작일 수 있다는 점을 그만 보지 못하게 된다.

사랑하는 행동 자체는 늘 서투른 훈련 과정이다. 어려운 길을 따라가야 하고 자기를 바닥까지 낮추는 힘겹지만 아름다운 방법을 찾는다는 점에서 그렇다. 뿐만 아니라 언제 어떻게 돌려받게 될지, 아예 돌려받지 못할 것인지 모른 채 계속하여 때로는 의지에 반하여 포기하고 내어 주는 행동을 수없이 다양하고 놀라운 형태로 이어간다는 점에서 그렇다.

이름 붙이기는 대개 통제하기 위해 이루어지지만 사랑받을 만한 것은 호명되는 좁은 범주 안에 갇히려 하지 않는다. 우리가 입을 열기 전에, 어떤 일이 일어나고 있는지 이해하고 말하기 전에 이미 사랑은 다양한 방식으로 우리에게 이름을 붙인다. 아무 이름도 붙지 않은 사랑이라는 가장 어려운 과업이 이렇게 시작되는 것이다.

33

향수

향수는 우리가 아는 과거가 끝나 간다는 것을
최초로 알려 주는 통보다.

향수는 실제로 일어났던 일과 마침내 만날 준비가 된 마음과 몸이 새로이 기억하고 다시 상상한 역동적인 과거가 파도처럼 밀려오는 것이다. 향수는 과거에 함께 지냈던 특정한 사람, 살았던 특정한 장소, 살았던 특정한 시간과 강력한 연결을 이루어 현재를 뒤집어 버린다. 과거와 현재의 그 만남을 보면서 우리는 그 사이의 세월이 과연 있었는지조차 의아하게 된다. 향수는 우리를 초월한 힘에 꼼짝 못하고 휩쓸리게 되는 방만한 질병 상태로 느껴질 수도 있다. 하지만 그 힘은 늘 우리 안에, 우리와 함께 존재해 온 것이다.

향수는 방만함이 아니다. 향수는 각성이 임박한 상태임을, 기억해 온 방식대로 구성된 현재의 구조를 돌파해 나아가게 될 것임을 알려 준다. 이해했다고 생각했지만 이제야 온전히 이해할 것 같은 구조, 이미 살아 왔지만 온전히 살지 못했던 구조, 미래가 아닌 경험했던 무언가에서 나오는 구조, 중요했으나 충분히 중요성을 부여하지 않았던 구조, 이제 한 번 더 되살아나 처음에 우리가 거부했던 그 깊이를 재현하고 싶은 구조 말이다.

향수는 과거로 빠져드는 것이 아니다. 우리가 아는 과거가 끝나 간다는 것을 최초로 알려 주는 통보다.

34

고통

고통을 통해
그토록 어렵게 그토록 아프게 우리 자신을 알게 되었듯
남들에 대해서도 알아 갈 수 있겠다는 가능성을 얻는다.

고통은 지금 여기로 들어가는 입구다. 신체적·정서적 고통은 이곳 외에 다른 곳이 없고, 이 몸 외에 다른 몸이 없으며, 이 처절한 아픔과 비탄은 절대 피할 수 없다고 우리 각각에게 말해 주는 궁극적 바탕이다. 고통은 아픔이 느껴지는 곳뿐 아니라 아픔이 느껴지는 방식에까지 집중해야 치유가 가능하다. 고통은 각성과 개성의 형태다. 고통은 들어가는 길이다.

반복되는 고통으로 급격히 약해질 때 우리는 공간과 시간, 그리고 존재 자체의 핵심을 다시 인식하게 된다. 깊은 고통 속에서는 온 마음을 다해 할 수 있는 일에 쓸 에너지만 남는다. 움직임 또한 신체적 차원과 은유적 차원 모두에서 최소로 줄어든다. 신발 끈 묶기부터 사랑하는 몇몇과만 나누는 호혜적이고 고무적인 대화에 이르기까지 말이다. 고통은 우리의 움직임, 가슴 깊은 애정, 스스로에게 요구하는 것, 그리고 남들에게 요구하는 것에서 경제적이 되게끔 가르친다.

고통이라는 아름다운 모욕은 우리를 절로 겸손하게 만들고 가면과 위장을 벗게 한다. 진짜 고통스럽다면 일상적으로 도움을 요청하는 법을 배우는 것 외에 다른 방법이 없다. 고통은 우리가 소속된 존재이고 영원히 혼자 동떨어져 살 수 없음을 알려 준다. 고통은 호혜성을 이해하게 한다. 참된 고통 속에서 때로 우리는 감사의 마음, 절반쯤은 찡그린 것 같은 미소, 낯선 이에게 보이는 잠깐의 우정밖에 돌려주지 못하는 상황에 처한다. 고통은 진정한 우정이 시작되도록 하기도 하고, 친구라고 생각하던 존재를 시험하기도 한다. 전혀 예상하지 못했던 사람이 도와주러 나서기도 한다.

고통은 진정한 공감의 첫 단계다. 존재와 씨름하는 이들 모두를 이해하도록 하는 토대를 제공한다. 진짜 고통을 경험하면서 우리의 도덕적 우월성은 종말을 맞는다. 태도를 바꾸라고, 정신 차려 잘 행동하라고 남들에게 압박을 가하는 대신 모든 사람이 극복하고자 애쓰는 이 특별하고 보일 수도 보이지 않을 수도 있는 쇠약함을 찾게 된다. 고통 속에서 우리는 남들이 온전히 참여하지 못했던 이유를 불현듯 이해하고 공감하게 된다.

신체적 고통으로 주의 집중 범위가 좁아지면 신기하게도 시야는 더 넓어지고 유머 감각은 더 너그러워진다. 넓은 시야로 볼 때 진짜 고통은 진짜 웃음과 절대 멀지 않다. 우리 자신에게, 이런 자신을 바라보는 남들에게 던지는 웃음이다. 일상이 되어 버린 곤경, 신체적 불편함에 대한 웃음이다. 고통은 매일의 삶을 드라마로 만든다. 우리 신체와 우리 존재가 무대 위에 올라가 조명 아래 놓인다. 선택의 여지없이 이렇게 몸을 뒤틀고 저렇게 비틀거리다가 기대는 모습이 모두의 시선 앞에 노출된다.

마지막으로 고통은 고통 없는 삶이라는 한 가지 가능성을 최고로 인정하고 감사하게 한다. 나머지는 모두 기적의 보너스일 뿐이다. 건강한 사람, 그리하여 움직이고 걷고 뛰는 자유를 아무 생각 없이 누리는 사람은 이 선물을 알지 못한다. 고통은 아무도 그 힘겨움을 명확히 알아주지 않는 외로운 길이지만 바로 이 고통을 통해 우리는 그토록 어렵게 그토록 아프게 우리 자신을 알게 되었듯 남들에 대해서도 알아갈 수 있겠다는 가능성을 얻는다.

35
평행

평행의 삶은 비교되는 삶과 마찬가지로
예측할 수도, 확정할 수도 없는 삶이다.

평행은 우리가 생각하는 그런 것이 아니다. 수학적 의미를 제외한다면, 그리고 가짜로 만들어 낸 생각이 아니라면 평행은 존재할 수 없다. 실제 세계의 무언가가 직선으로만 움직이기 어렵다는 걸 감안하면 두 가지가 평행으로 움직이기란 불가능하다고 보아야 한다. 인간 상상 속에서 평행 세계는 우리 세계를 복사하거나 정반대인 세계가 아니라 수많은 가능성과 차원들 사이에서 구부러지고 흘러가는, 그리고 이 과정에서 우리 세계와 조화를 이루고 참고도 하게 되는 세계다. 평행의 삶은 비교되는 삶과 마찬가지로 예측할 수도, 확정할 수도 없는 삶이다.

그러므로 평행에 대해 말할 때는 우리가 선택하지 않았던 삶이나 동반자에 대해 이야기할 때처럼 동행하는 가능성들에 대해, 확실하고 익숙한 현재 삶에 영향을 미치는 불확실한 다른 삶을 거부하는 것에 대해 말해야 한다. 우리는 현재와 함께 진화하는 만큼 평행과도 함께 진화한다. 우리가 가지 않은 길이나 포기했던 사람에 대한 관계는 세월이 흐르면서 선택한 길이나 붙잡은 사람에 대한 관계만큼이나 변화한다. 세상을 떠나는 순간에는 가지 않은 길이 실제 선택한 길보다 훨씬 더 진실된 것으로, 헤어졌던 연인이 함께 해로한 배우자보다 훨씬 더 생생한 존재로 드러나는 일이 퍽 많다.

깊이의 문제도 있다. 한 길을 택했다 해도 확신이나 희생, 용기나 성실함 없이 반쯤은 무심하게 대충 걸어갔을 수 있다. 표면적 선택 아래 깊은 곳은 절벽에서 바라보는 바다가 부르듯, 우리가 다가와 주기를 기다린다. 그것은 이 삶에 영향을 미치는 다른 삶이다. 한편으로는 이 삶에서 다른 삶이 얼마나 많이 숨 쉬는지를 깨달을 때 과감하고 더 깊게 참여해야겠다는 자극을 받게 된다. 다른 한편으로는 추상적으로 멀리 거리를 둔다면 아무리 우리 귓전에 대고 속삭이는 다른 삶이라 해도 부끄러운 것, 비겁한 것, 이해할 수 없는 것이 되어 버린다. 평행의 삶을 우리 자신의 삶으로 온전히 받아들이는 것은 불가능한 일이다.

36

순례자

우리는 여행하는 존재이자 막 도착한 존재다.
동동거리며 여행 짐을 싸는 동안에도
벌써 떠났다가 돌아온 존재다.

순례자는 모든 인간이 일시적일망정 그 핵심의 정확한 평가로서 부여받게 되는 단어이자 이름이다. 지나치거나 잠시 만났다 헤어지면서 손 인사를 받는 이방인, 늘 빠르게 걸어가는 이, 어디가 중요한 목적지 혹은 길인지도 모르면서 그저 가는 이, 어디서 와서 어디로 가는지 속으로는 명확하게 이해하지 못하고 다음번 끼니를 어디서 해결하게 될지도 모르는 이, 다른 이방인들이나 길 가면서 만나는 사람들의 도움에 의존하는 이…….

지평 너머 어디론가 향하는 순례자는 깨달음이 곧 찾아올 세상, 무언가가 막 일어나거나 밝혀지는 세상에 있는 존재다. 가장 두려운 최종 종착지인 자기 소멸을 묘한 방식으로 예행연습하는 것도 여기에 포함된다.

인간적 성숙이라는 순례 여행의 큰 지표는 삶이 순간처럼 짧다는 것, 우리는 그저 지나가는 존재라는 것을 조금씩 이해한다는 데 있다. 볼 수 있는 눈, 들을 수 있는 귀, 말할 수 있는 목소리, 사랑하는 이를 껴안을 수 있는 팔을 지닐 시간이 길지 않다는 것도. 우리는 접촉과 만남, 그리고 다시 나아감을 통해 실현되는 피조물이다. 첫인사를 하고 헤어지는 인사를 하면서 둘 중 하나만을 선택할 수는 없는 피조물이다. 인간의 삶은 접촉이다. 알아 가고 결국 넘어서는 과정은 결코 멈추지 않는다. 이 과정에서 변화를 거듭하며 더 커지고 강해진 우리는 소비하는 존재에서 소비되는 존재로, 보는 존재에서 반쯤 눈 먼 존재로, 한 목소리로 말하는 존재에서 남의 말을 듣는 존재로 바뀐다.

다이아몬드처럼 딱딱한 현실의 중심에서 일어나는 끊임

없는 움직임은 존재를 규정하는 경험이다. 여기서 저기로 옮겨가도록 하는 동력은 아름답고도 두려운 유혹이다. 용감한 순례의 삶은 끊이지 않고 파도치는 이러한 되어 감의 삶이다. 놀랍게도 그 아래에는 고요함이, 침묵과의 친구 관계가 있다. 이것이야말로 자동적인 존재의 교환과 함께 호흡하는 데 유일하게 적절한 준비다. 목적지가 우리 안과 밖 모두에 있다는 말이 즉흥적으로 튀어나올 정도로 우리의 많은 부분은 움직임으로 되어 있다. 우리는 스스로를 진행 중인 여행이라 느낀다. 우리는 여행하는 존재이자 막 도착한 존재다. 동동거리며 여행 짐을 싸는 동안에도 벌써 떠났다가 돌아온 존재다. 여행길에서 우리는 혼자이지만 오래 알아 온 사람들을 곧 만나게 될 상황이기도 하다.

움직이고 교환하고 알아 가는 존재, 움직이기를 거부하면 비현실이 되어 버리는 존재인 동시에 우리는 장인(匠人)이기도 하다. 여행길에 펼쳐지는 영원한 현재 속에서 우리 기술, 경험, 우리 목소리와 존재를 담고 싶은 욕구가 계속 생겨난다. 우리는 여행하면서 소속되기를, 쓸모 있는 사람이 되기를 원한다. 우리는 이동하는 피조물이지만 그 흐름 속에서 변치 않는 무언가, 이름과 목소리, 성격을 부여하는 근원적 본성을 지니고 있다. 우리는 보글거리는 첫 거품을 낸 후, 다른 흐름들에 합쳐지고, 그 흐름들 사이의 대화를 통해 성장한다. 큰 바다로 흘러가 마침내 사라지기까지 말이다.

취약성과 도착이라는 궁극적 시작점을 떠나 최종 목적지로 흘러가면서 우리는 그 반대편에 무엇이 있는지 정확히 모르고 제 형태를 보존하며 갈 수 있을지조차 알지 못한다. 그럼에도 그 마지막 변화 지점에 도착해서야 우리는 누가 여행을 할 수 있게 해 줬는지 이해하고, 고유한 한 인간으로 존재하는 특권에 감사하게 된다. 우리는 이제까지 그렇게 걸어올 수 있었던 것이다.

이렇게 볼 때 여행자인 우리는 믿음, 신뢰, 책임, 그리고 말할 수 없는 대상에 대한 진실함을 지닐 수 있다. 또한 '그때'의 귀한 기억을 '지금'이라는 놀랍지만 당연하게 여기는 경험과, 더 나아가 이 둘을 놀랍고 경이로운 '막 일어나려고 함'과도 결합함으로써 우리는 다시 걸을 수 없는 이 여행길에서 더 나은, 더 신실한 순례자이자 동반자가 될 수 있을 것이다.

37

미루기

미루는 성향을 미워한다는 건

우리가 시간과 맺는 관계 자체를 미워하는 것이다.

이는 겉보기와는 다르다. 그저 게으름이나 집중력 부족으로 보이는 것이 실제로는 시간을 두고 서서히 익어 가야 할 필요성, 마음을 바치는 노력이 늘 치러야 하는 현실과의 투쟁인지도 모른다. 미루는 성향을 미워한다는 건 우리가 시간과 맺는 관계 자체를 미워하는 것이다. 그리고 우리의 마음과 상상이 필요한 만큼 충분히 기울여진 다음에야 나름의 방식으로 적절히 선택된 시간에 일어나게 되는 깨달음을 부당하게 대하는 것일지 모른다.

면밀히 연구해 본다면 미루기는 아름다운 것, 인내와 동등한 것, 동반자 친구, 놀랍게도 우리 안에 이미 존재하는 진짜 유형을 드러내 주는 힘일 수 있다. 예를 들어 작가라면 책을 쓰기 전에 일단 책이 쓰이지 않는 온갖 방법을 다 시도해 봐야 하는 것이다. 빈 모니터나 빈 공책 노려보기, 새벽 네 시에 침실 천장을 멍하니 응시하기 등등. 미루기는 일을 피하고 싶은 우리 마음의 핵심을 고스란히 맛보게 만든다.

미적거리지 않고 잘못 헤매지도 않고 허공을 바라보지도 않고 그러면서 자기 의심이나 심장 마비 위험에 시달리는 일조차 없이 성취한 일은 순간적인 것, 하찮은 것, 유용하지도 아름답지도 않은 것일 가능성이 높다. 잠깐 시간이 지난 후 버려질 것이다. 반면 집필 과정에서 작가의 투쟁이 동반되지만 결국 그렇게 얻어 낸 이해가 담긴 결과물은 가치를 인정받는다.

미루기는 미적거리는 자기 마음의 학생이 되도록, 열정적인 첫 번째 아이디어에 숨은 어두운 면을 이해하도록, 노력하는 과정에서 무엇이 두려운지 배우도록 도와준다. 자신의 가장 취약한 부분까지 동원함으로써 결과물이 순간만 해결하고 지나가는 표면적인 것이 아닌, 생생하고 만족스러운 전체가 되게끔 하는 것이다.

미루기 때문에 프로젝트가 결과를 내지 못하고 중단되지는 않는다. 우리를 멈춰 세우는 것은 본래 아이디어의 포기다. 지체되는 이유를 정확하게 알지 못하는 탓에, 미적거림의 진짜 모습을 향후의 교훈으로 삼지 못하는 탓에 이런 일이 일어난다. 미루는 것은 자기 아이디어보다 더 큰 실체를 만나는 것, 재빨리 적당한 결과를 얻어 내기를 거부하고 야곱처럼 천사와 씨름하려는 것이다. 릴케는 이를 두고 "그는 승리를 꿈꾸지 않는다. 더 크고 더 큰 존재들을 만나 확실히 패배하는 것이 그가 성장하는 방법이다"라고 하였다.*

---

* 라이너 마리아 릴케의 시 '바라보는 사람' 중 마지막 구절이다. — 역주

38
후회

후회는 잃어버린 가능성에 대해 부르는 애가다.

후회는 주의를 환기시키는 짤막한 단어, 아프게 아름다운 단어다. 잃어버린 가능성에 대해 부르는 애가(哀歌)다. 후회라는 단어는 남은 것이 아무것도 없어도 용감하게 미래를 바라보는, 그러면서도 다른 삶은 도저히 상상할 수 없다고 주장하는 사람에게서만 드물게 들을 수 있는 말이기도 하다. 후회를 인정한다는 건 우리가 오류를 저지르는 존재임을, 우리를 넘어서는 힘들이 세상에 존재함을 이해하는 것이다. 후회를 인정한다는 건 힘들었던 과거뿐 아니라 현재의 이야기에 대해서도 통제권을 포기한다는 것이다. 진심으로 크나큰 후회를 인정한다는 건 기이하게도 현대인에게 가장 큰 암묵적 죄악 중 하나다.

솔직한 후회가 드문 이유는 청년의 시각을 강조하는 요즘 분위기 때문인지도 모른다. 진실하고 유익한 후회는 실제로 젊음의 영역이 아니라 힘겨운 성숙을 요구하는 것일 수 있다. 후회에 빠져 비틀거리거나 쇠약해지지 않고 후회를 계기로 미래와 더 적절하고 관대한 관계를 맺게끔 하는 깊이 있는 성숙함 말이다. 젊음은 기회의 파도를 놓쳤다는, 상처를 입혔다는, 자기 것이 아닌 것을 취했다는 찰나의 느낌 외에 성숙한 인간 삶을 관통하고 장식하는 풍성한 후회를 할 준비가 되어 있지 못하다.

충실한 후회는 미래에 집중하게 하는, 전에는 놓쳤던 기회를 감지하게 하는, 등한시했던 자신의 어린 시절을 손주에게서 보상받는 시간 초월 경험을 하게 하는 요소다. 온전한 후회는 가장 평범한 삶이라 해도 큰 위험 부담을 감수해야만 한다는 점을 인정하는 것이다.

온전히 경험된 후회는 과거보다 더 나은 미래가 열리게끔 우리 시선을 가다듬고 집중시켜 준다.

39

휴식

휴식은 하고 싶은 일과 되고 싶은 모습 사이의 대화다.

휴식은 하고 싶은 일과 되고 싶은 모습 사이의 대화다. 휴식은 주고받음의 핵심이고 상상과 지성 속에서, 동시에 심리적 신체적으로 이루어지는 기억 행동이다. 휴식은 정해진 목표를 달성하며 끝없이 보상받아야 한다는 욕구, 이미 소진된 그 의지를 노력의 중심 동력으로 삼기를 포기하는 것이다. 걱정하고 조바심 내는 일도, 우리가 나서서 바로잡지 않으면 세상의 잘못된 부분이 계속 남게 된다는 생각도 포기하는 것이다. 휴식은 말 그대로든 상징적으로든 외부 목표에서 물러나는 것이고 황소의 정지된 눈, 완벽한 고요함이라는 이상적 내면 상태가 아닌, 내면의 자연스러운 교환 상태로 목표를 전환하는 것이다.

휴식의 기본은 신체 호흡의 자연스러운 교환에 있다. 이 자동적인 주고받음은 삶의 근본이자 척도가 된다. 내부의 것과 외부의 것이 생생히 교환될 때, 상상 속의 잠재력과 그 내적 이미지를 세상에 실현시킬 가능성 사이에 매혹적인 대화가 이루어질 때 우리는 진정으로 휴식하게 된다. 일을 내버려 두고 우리 자신도 홀로 내버려 둔 채 가장 잘하는 일, 몸이 하라는 대로 숨 쉬고 만들어진 모습대로 걷고 집의 리듬에 맞춰 요리와 청소로 주고받기를 할 때 우리는 휴식하게 된다. 쉽고 기본적인 방식으로 주고받을 때 우리는 참된 자아와 가장 가까워진다. 잘 쉴 때 참된 자아와 가장 가까워진다. 휴식은 방만함이 아니다. 최고의 모습을 보이기 위한 준비이고 더 중요하게는 이미 받은 것을 이해할 수 있는 곳에 도달하기 위한 준비다.

휴식의 첫 단계는 하던 일, 유지하던 모습을 정지시키고 포기하는 감각이다. 두 번째는 집으로, 압력이나 통제 없는 자기 신체로 서서히 돌아오는 감각이다. 길 혹은 목적지 자체를 기억하려 시도하는 것처럼 말이다. 세 번째 단계는 치유와 자기 용서, 도착의 감각이다. 네 번째 단계에는 호흡이라는 원초적 교환 깊숙이에 존재하는 주고받음이, 축복하기와 축복받기가, 그리고 양쪽 모두에서 기쁨을 느끼는 능력이 있다. 다섯 번째 단계는 절대적인 준비와 존재 감각이다. 세상과 세상의 모든 형태에 기뻐하고 고대하는 감각, 내면과 외면의 만남 자체가 됨으로써 받기와 응답하기가 동시에 일어난다는 감각이다.

깊은 휴식의 경험은 인간 상상 속의 완벽함을 보여 준다. 거기서 출발해 우리는 호흡 자체라는 근원적 선물로 채워진 채 일과 인간관계 같은 외적 형태를 인식할 수 있다. 거기서 출발해 우리는 도착하는 손님들을 위해 식사를 준비하면서도 높은 산을 오르면서도 가족들에 둘러싸인 혼란 속에서도 휴식할 수 있다.

휴식하고 나면 포로가 되지 않은 채 세상과 대면할 준비가 된다. 휴식하고 나면 다시금 옳은 일, 옳은 사람들을 옳은 방식으로 보살필 수 있다. 휴식 속에서 우리는 자신을 더 관대하고 더 용감하게 만들 목표를 재설정한다. 우리가 기억하고 싶은 누군가, 남들이 기억하고 싶은 누군가를 더 많이 받아들이게 된다.

40
단단함

단단함은 스스로 구성한 정체성의 경계를 넘어

무언가를 시도하고 무릅쓰게 한다.

　단단함이라는 단어는 정신적 육체적 건강을, 활기와 영향력으로 세상과 만나는 능력을 뜻한다. 단단하다는 건 똑같이 단단한 무언가 혹은 누군가의 확실한 존재 속에 물리적으로든 상상으로든 존재한다는 것이다. 단단함은 우리가 자신 아닌 다른 무언가 안에 살아 움직이는 흐름을 인식한다는 뜻이다. 단단함은 대화에서 살아 있는 경계가 그어지는 척도다. 그 대화가 레슬링 대결 같은 물리적 접촉이든, 강의실의 의견 교환이든, 부엌에서 벌어지는 부부의 논쟁이든 말이다.

단단함이 없다면 모든 인간관계는 허약해져 시들다가 죽게 된다. 단단함은 스스로 구성한 정체성의 경계를 넘어 무언가를 시도하고 무릅쓰게 한다. 자기 생각과 이기심의 한계를 뛰어넘게 한다. 단단함과 취약함은 서로에게 속한다. 단단함은 상처를 감내하고 일시적인 고통, 소음, 혼란, 시스템 정지를 견딜 의지를 준다. 단단함은 계속 나아가려는 굳은 의지를 유지하면서도 선 양편 어느 쪽으로든 이탈할 수 있다는 의미다. 단단함은 보살핌의 핵심이다. 보살피는 대상이 자녀든, 아이디어든 말이다.

단단한 반응은 늘 굴욕의 가능성을 안고 있다. 이는 또한 우리가 강력한 만남의 영향을 어떻게든, 익숙한 방법은 아니라 해도 이겨 낼 수 있다는 믿음이자 감각이기도 하다.

단단함이 없다면 심리적 신체적 건강이 손상된다. 악순환이 일어난다. 자기 몸, 자기 리듬, 자기 생활 방식을 벗어난 무언가와 접촉하지 않으면 않을수록 우리는 만남과 변화가 일어나고 소음이 생겨나는 경계 지역을 점점 더 두려워하게 된다. 밖으로 나가 다시금 세상과 만나는 것은 고립, 슬픔, 질병을 치료하는 것이고 만남과 세상 속 생생한 존재감을 가로막았던 힘들과 트라우마를 떨쳐 내는 일이다. 다시금 단단해지는 것은 위험 부담을 지기 싫어했던 핑계를 버리는 것, 그리고 만남 속에서 활력을 얻는 자신을 다시 발견하는 것이다.

모순적이게도 단단함은 소란한 와중에 고요한 중심을 찾도록 요구한다. 그 고요함은 시끄러움 속에서 유쾌할 수 있도록, 불의 앞에서 공정하도록, 공격받으면서도 침착하도록 해 준다. 이 고요한 중심은 물리적 존재의 깊은 토대가 되기도 한다. 이는 현실을 광범위한 다층 맥락의 대화적 시선으로 바라보도록 해 주는 드넓은 장이 되는 것이다. 그곳에서 우리가 하게 되는 경험은 서로 사랑하고 행복하지만 혼란스러운 대가족의 삶, 유쾌한 논쟁과 긁힌 상처, 들뜬 기분과 방문 쾅 닫히는 소리로 가득한 그 상황과 퍽 비슷하다. 난장판에 다시 끼어들려면 평화와 침묵의 시간이 필요한 법이다. 우리 신체적 존재가 난장판이라면 내적으로 존재할 다른 방식, 우리에게 다른 단단함을 안겨 줄 원천이 반드시 필요하다. 단단함은 대부분의 인간 삶에서 선택 요소가 아니다. 반대편을 선택하는 것은 보이지 않는 존재가 된다는 뜻이니까.

41

로마

성숙한 시선을 갖출 만큼 오래 살고 나면
누구든 죽기 전에 분명 로마를 보게 된다.

  로마는 소멸이 영원하다는 의미, 그 의미에서만 영원하다. 8월 오후, 태양에 달궈진 도시는 처음 건설되어 알려진 형태로 지속되는 것은 그 무엇도 없다는 산 증거다. 저녁을 알리며 서서히 빛이 사그라질 때 콜로세움 잔해는 줄지은 실루엣들처럼 서 있고 뒤쪽 지평선에서는 베드로 대성당의 돔 지붕이 마지막 황금빛으로 번쩍인다. 이미 사라져 버린 마지막 빛 속에 영원히 사는 도시에 그렇게 태양이 진다. 로마에서 현재라는 시간은 막 사라지려는 것을 통해서만 접근 가능하다.

로마는 흘러가는 현재들 하나하나마다 시도하는 과거에 대한 해석의 집합이다. 광채와 장엄함, 권력과 제국의 도시에서 바티칸이나 콜로세움의 영적 물질주의는 일시적인 모습을 갖추고 한때를 풍미하다가 사라지기를 반복한다. 여기에서 인간의 아이디어나 노력은 그 최고의 모습을 그저 아름다운 잔해로만 남기게 된다.

뜨거운 돌바닥 거리 위, 아우구스투스 황제의 조각상이 하늘을 배경으로 서 있다. 조각상의 손가락은 과거에도 없었고 앞으로도 오지 않을 미래를 가리킨다. 영원의 도시는 실은 인간 발버둥의 무익함을 가장 잘 드러내는 도시다. 지금 상상하는 것, 지금 꿈꾸는 것은 절대로 바라는 모습대로 이루어질 수 없고 모든 것은 세월의 풍상을 겪고 산화되어 녹색으로 변해야만, 인간의 등장과 소멸을 거쳐야만 완전한 아름다움에 이르게 된다. 인간 삶에 풍성하게 많은 것은 추상적 욕망을 담아 세운 기념비들의 그림자 아래에서 매일 이루어지는 실제 대화다.

어둠 속에 묻혀 가는, 고맙게도 영원하지 않은 도시를 내려다보면서 우리 현재와 가능한 미래에 대해 이야기하는 일은 묘하게 아름다워진다. 지나간 그 많은 미래들의 잔재와 소멸 사이에서 걸어 다닐 수 있다는 특권, 시간이라는 손이 모든 것에 다층적이고 불특정한 관점을 부여해 아름답게 만드는 와중에 우리의 지나치게 구체적인 희망도 용서받겠거니 하는 생각 덕분이다. 모든 것이 작은 소리로 말해 준다. 우리가 태양 아래 자기 시대를 살아간다 해도 가장 잘 이해받고 가장 자기다워지는 것은 아름다운 폐허일 때라고. 인생길 바깥으로 갔을 때, 아니 인생길과 함께 사라질 때가 가장 현실적이라고.

성숙한 후에나 우리는 깨닫기 시작한다. 그 어떤 생각과 정체성의 성채를 쌓아 올려 자랑스럽게 내보일지라도, 제아무리 멋진 기념비를 세워 후세에 남기고자 할지라도 결국 우리가 어떤 시선을 받게 되고 우리 기억이 어떻게 공유될지는 아무도 모른다는 것을 깨닫기 시작한다. 이탈리아를 직접 찾아가게 되든 아니든, 그 제국의 도시에서 저녁 거리를 걷게 되든 아니든, 성숙한 시선을 갖출 만큼 오래 살고 나면 누구든 죽기 전에 분명 로마를 보게 되는 것이다.

42

도망치기

어쩌면 우리는 마음 한편으로 여기 있고 싶지 않고,

여기 어떻게 있어야 할지 모를 때

가장 인간다운 것인지도 모른다.

대부분의 사람들이 참으로 오랜 시간 동안 도망치려는 마음을 먹는다. 우리 몸과 과거에 새겨진 '싸움-도주 반응' 중 도주가 바로 도망치는 것이다. 우리 선조들이 하루를 더 살아남아 오늘날까지 종족을 보존하도록 해 준 진화의 지표이자 인간 몸 깊숙이 새겨진 생물학적 기억이 바로 그것이다.

도망치고 싶어 하는 것은 인간의 핵심 요소다. 그 어떤 머무름도 선택의 문제가 된다. 상황에서, 결혼에서, 인간관계에서, 일에서 도망치려는 생각은 그 자체가 대화이고 거리끼는 자기 마음을 정제하여 들여다보도록 하여 현재를 온전히 살기 어렵게 하는 그 역류 앞에 한층 더 솔직해지게끔 만든다.

이상하게 들리겠지만 어쩌면 우리는 마음 한편으로 여기 있고 싶지 않고, 여기 어떻게 있어야 할지 모를 때 가장 인간다운 것인지도 모른다. 존재하기 꺼려지는 마음을 온전히 이해해야 비로소 존재함이 이해되고 깨달음이 오는지도 모른다. 일하고 관계 맺고 요구되는 일들을 해결할 필요가 넘쳐 나는 상황을 완전히 외면하고 싶은 우리 안의 일부를 이해하는 것은 겸손을 배우고 자기 공감을 키우고 나와 남을 더 자비롭게 바라보기 위해 꼭 있어야 하는 유머 감각을 가다듬게 한다.

도망치려는 마음은 필요하다. 반면 도망치는 실제 행동은 위급 상황에서 우리 목숨을 구하기도 하지만 극단적으로 위험하고 멍청한 짓이기도 하다. 특히 우리보다 더 크고 빠르고 날쌘 동물 앞에서라면, 도망치는 행동 자체가 공격적 포식 반응을 유발하는 경우라면, 혹은 도망쳐서 더 성숙하고 성장할 기회를 놓치게 되는 경우라면 그렇다. 야생에서도 많은 경우 위험 상황에 대한 최선의 반응은 그저 도망치는 게 아니라 극도의 주의를 기울이는 것, 위협 요소에 대해 주의를 집중하고 희생자의 정체성을 지니지 않는 것이다.

극한 상황에 동등하게 맞섬으로써 우리는 도망치고 싶은 자기 일부분보다 더 큰 존재가 될 수 있다. 필요한 경우 자기를 보호할 가능성은 여전히 잃어버리지 않은 채 말이다. 다른 한편, 도망쳐야 한다는 정체성이 일관되게 존재하는 경우는 거의 없다. 우리는 안팎으로 너무도 다채로운 모습을 지닌다. 우리는 다층적인 자아의 보호자이기도 하지만 가족과 공동체, 자녀, 노약자, 그저 시각이 잘못된 이를 보호해야 하는 입장이기도 하다. 우리만큼 빨리 뛸 수 없어 뒤에 남겨지게 될 사람이 너무 많아 도망치지 않겠다는 결정이 나오기도 한다. 두려움의 원천을 살펴본 다음, 어디 있을지도 모르는 안전지대를 찾아 도피하기보다는 다른 더 크고 좋은 방법을 찾아낼 가능성이 있으리라 생각해 도망치지 않기도 한다.

진화적 본능에도 불구하고 우리는 대부분의 경우 도망쳐서는 안 되고 거기 머물며 다른 방법을 찾아야 한다는 점을 안다. 도망치는 게 좋은 해결책이 되는 예외 사례가 드물게 있긴 하지만 도망치라는 내적 요구에서 우리가 절대 도망칠 수 없다는 것을 깨달을 때 우리는 더 지혜롭고 성숙하게 존재할 수 있다.

43

자기 이해

우리는 지금 자신이 생각하는 존재도,

앞으로 되겠다고 생각하는 존재도 아니다.

자기 이해를 온전하게 달성하기란 불가능하다. 우리 몸과 마음, 우리 세계는 자기 이해를 가능하게끔, 아니 애초부터 이를 바라게끔 하지도 않기 때문이다. 우리 마음속 절반을 차지하는 잠재성은 말해지거나 규정되지도, 아직 존재 차원으로 나오지도 않은 그 어둠 속에 있다. 그 숨겨진 절반은 현재 우리의 자기 이해를 대신하고 뒤집어 버릴 수 있다.

인간은 아는 것과 알지 못하는 것 사이의 경계선이다. 늘 그래 왔고 앞으로도 그럴 것이다. 알지 못하는 부분을 아는 부분으로 바꾸는 행동은 알지 못하는 부분이 그만큼 흘러 들어와 경계가 재설정되도록 하는 것, 개인 삶에서 아직 미지의 지평으로 남아 있는 저 먼 곳을 다시 확인하는 것이다. 우리를 진짜 우리로 만들기 위해서, 다시 말해 자신에 대해 알고 있는 것과 되려고 하는 모습 사이의 경계를 유동적으로 하기 위해서 말이다. 우리가 곧 되려는 모습, 혹은 그럴까 봐 두려운 모습은 지금 이미 자신이라 생각하는 모습을 언제나 찍어 누르고 규정한다.

인간이 자신에 대해 완전히 솔직한 자기 이해를 얻어 낼 수 있다는 희망은 터무니없다. 이는 마치 조직 언어의 논리가 통하지 않는 정체성 영역에 기업 교육 체계를 억지로 끌어오는 격이다.

자기 이해는 우리가 알고자 하는 자기가 곧 사라지리라는 인식을 포함한다. 우리가 이해할 수 있는 것은 아는 부분과 모르는 부분 사이 경계에서 자신이 존재하는 방식, 삶의 대화를 이어가는 방식, 그 경계에서 잘라 낸 자기 모습일 뿐, 상세한 자기 명세는 불가능하다. 그 명세를 만들려는 시도는 자기를 축소시키고 만다. 우리는 더 큰 규모로 만들어진 존재이며 그런 자신이 두렵기도 하지만 다른 한편으로는 어떤 이름 짓기에서도 벗어나 버리는 거대함을 사랑하기도 한다.

자기 이해는 종종 투명성과 혼동된다. 그러나 자기 이해는 형태를 갖추고 측정 가능한 고정물이 아닌, 알려진 부분과 알려지지 않은 부분의 합류, 세상 속 무수한 자기를 포함한 여러 요소들의 흘러가는 만남으로서 자신을 바라보는 것이다. 자기 이해는 명료함도, 투명함도, 모든 것이 움직이는 방식을 아는 것도 아니다. 자기 이해는 알지 못하는 부분과의 경계에서 이루어지는 열정적인 대화, 겸손함과 감사의 한 형태, 특정한 모습으로 참여하게 된 특권에 대한 감각, 우리가 삶의 대화를 이어가는 방식에 대한 깨달음, 그리고 가장 중요하게는 추상적 무(無)가 아닌 특별한 무언가가 있고 우리가 그 특별한 무언가의 아주 특별한 일부라는 기적의 발견이다.

우리가 개인의 정직과 투명성으로 여겨 찬사를 보내는 것은 실상 초심자의 조심스러운 행동, 다시 말해 자신에게, 남들에게, 삶에게, 버틸 수 있을지 없을지 모르는 다음 단계에 극도로 주의를 집중하는 이의 행동이다. 그 역시 모든 것에 대답을 갖고 있지 않지만 자신, 그리고 함께 여행하는 이들에 대해 할 수 있는 한 많이 배우고자 노력하는 존재, 다른 모두와 마찬가지로 자신과 사회가 어떻게 변화하고 있는지 관심을 기울이는 존재다. 우리는 지금 자신이 생각하는 존재도, 앞으로 되겠다고 생각하는 존재도 아니다. 순전히 홀로인 개인도, 공동체의 온전한 산물도 아니다. 무의미한 이름 붙이기로 한 자리에 고정될 수 없는, 계속 바뀌어 가는 행동이기 때문이다. 끊임없이 흘러가는 세상 속에서 우리 자리를 찾고 싶은 마음이 아무리 크다 할지라도 자신의 진짜 토대는 자기 이해가 아닌 자기 망각, 자신보다 먼저 알고픈 다른 무엇을 만날 때의 그 마음에 있다.

44

그림자

그림자는 좋지도 나쁘지도 않다.

그저 벗어날 수 없을 뿐.

그림자는 혼자 생기지 않는다. 물리적인 실체가 있어야 만들어진다. 자기 그림자에 가려졌다고 하는, 예를 들어 영화 제작자 하비 와인스틴은 여성 편력에, 미국 대통령 리처드 닉슨은 자만심 가득한 권력에, 국가는 오만함에 가려졌다고 하는 말이 있긴 하지만 실상 그림자는 실물의 윤곽을 수동적으로 나타낼 뿐이다. 그림자는 존재가 만드는 것이다. 우리 결함과 결핍도 존재가 먼저 있은 후에 나온다. 자기 모습을 바꾸는 것은 자기가 던지는 그림자 모습을 바꾸는 것이다. 투명해진다는 것은 그림자를 잃어버리는 것이다. 영적으로 갈망해도 인간에게는 불가능한 일이다. 그보다는 정체성의 모습을 바꾸는 편이 더욱 가능성이 높다. 그림자는 햇빛 쏟아지는 가시적 세상에서의 삶이 가져오는 필연적 결과이지만 중심적인 정체성도, 우리를 압도하고 가려 버리는 힘도 아니다.

아무리 선한 존재라 해도 그림자를 지닌다. 신화에 따르면 그림자가 없다는 건 이 세상의 온전한 인간이 아닌 다른 세상의 존재라는 뜻이 된다. 햇빛과 남들의 시선을 흐리면서 뒤따라오는 그림자와 우리는 늘 더불어 살아야 한다. 그림자의 효과가 때로 우리를 뒤덮고 힘들게 한다 해도 이를 존재하지 않을, 행동하지 않을, 남에게 영향을 미치지 않을 핑계거리로 삼을 수는 없다. 남들의 걱정거리를 살펴 주지 않고 혼자 달려가 버릴 핑계 또한 되지 않는다.

그림자와 더불어 사는 것은 인간이 빛과 어둠 사이 경계에서 어떻게 사는지 이해하는 것, 빛만 있는 완벽한 삶은 불가능하다는 핵심적 난관에 접근하는 것이다. 완벽함을 만들어 내려는 시도는 결국 책임지지 않으려는, 예외가 되려는,

존재하지도 참여하지도 않는, 그리하여 상처 주지도 받지도 않는 사람이 되려는 시도다. 남들에게 아무 그림자도 던지지 않으려면 세상 속 물리적 존재에서 벗어나야 한다.

그림자는 우리 육신의 존재를 아름답게 확인해 준다. 그림자는 없는 것이 무엇인지 알려 주는 신호, 더 나아가 존재의 틀이다. 세상 속에서 살아가는 우리 존재의 특성에 대한 단서다. 물질적인 몸뿐 아니라 지나가는 행동을 통해 남들이 찾아내게 되는 존재의 역동성, 궁극적 취약성에 대한 암시, 더 나아가 주변을 암흑으로 만드는 영향력에 대한 암시다. 그림자는 부재(不在)를 존재하게 한다. 우리 자신, 우리와 함께 있는 이들, 심지어는 아직 스스로는 경험하지 못했으나 남들은 이미 인식하고 있는 자기 일부분에 대한 단서다. 그림자는 좋지도 나쁘지도 않다. 그저 벗어날 수 없을 뿐.

45
수줍음

수줍음은 우리가 모든 난관을 극복해
또 다른 시작을 시도하게 된다는 신호다.

수줍음은 존재의 현관, 새롭고 더 깊은 욕구로 들어갈 때 거쳐야 하는 입구, 예상 못한 삶이 성숙해지기 위해 처음 내디뎌야 하는 발걸음이다. 갑작스러운, 어쩌면 원치 않던 힘겨운 상황이 전개되어 경탄만 보내기 어려울 때 수줍음이 생겨난다.

수줍음은 거대한 미지의 것을 갑자기 알게 되는 상황일 때, 갑자기 그것이 내 일이 되어 버릴 때, 그러면서도 그럴 때 뭐라 말해야 할지, 어떻게 처신해야 할지, 연애의 경우라면 무엇을 입어야 할지 마치 우리가 다 안다는 듯 다가올 때 느끼는 감정이다.

수줍음은 한꺼번에 다섯 가지 길을 바라보는 것이다. 눈앞에서 유혹하는 새로운 삶을, 뒤쪽의 퇴각로를, 왼쪽이나 오른쪽으로 피해 버릴 대안적 가능성을, 그리고 정말 곤란한 경우에는 그 자리에서 휙 사라져 버리고 싶다는 희망을 바라보게 된다. 수줍음은 변화의 경로에서 처음 나타나는 필수적인 교차로다.

새로운 것, 필요한 것, 감당하기 어려워 보이는 것에 처음 접근할 때 존재의 방법이 되어 주는 수줍음은 과소평가와 경시를 당하고 있다. 수줍음이 없다면 우리의 과도한 자신감이 깨달음의 첫 단계에 동반될 수밖에 없는 혼란과 어색함, 무력감을 차단해 버릴 것이다. 수줍음이 없다면 깨달음에 필요한 정체성 성숙도 이루지 못할 것이다.

시각 미디어, 특히 텔레비전은 수줍음이 불필요한 감정이라 말하며 진정한 탐험의 감각을 망가뜨린다. 소셜 미디어를 통한 가상 여행에서도 아름다운 수줍음이 나타나기 어렵다. 실생활에서의 수줍음은 우리가 지닌 취약성 그 자체를 통해 우리가 깊이 원하던 무언가, 어딘가, 혹은 누군가의 수수께끼 속에 마침내 들어갔음을 알려 준다. 본질적인 무력함 때문에 어떻게 대화를 시작해야 할지 금세 알지는 못한다 해도 말이다.

수줍음은 우리가 가능하다고 생각하는 것과 누릴 자격이 있다고 생각하는 것 사이에 그어진 섬세하고 취약한 경계다.

수줍음이 없다면 새로운 것을 파악하기가 불가능하다. 삶의 새로운 단계 시작 시점부터 자신만만하다면 이는 곧 일어날 일에 대해, 자신이 이루게 될 변화에 대해 제대로 모르고 완전히 오해하게 된다는 뜻이다.

수줍음은 연습하고 배양해야 하는 자질들, 그 특별한 아름다움에 이르는 관문이다. 수줍음은 우리 친구다. 우리가 곧 문을 통과하고 모든 난관을 극복해 또 다른 시작을 시도하게 된다는 신호다.

46

침묵

참된 침묵은 지금껏 받아들일 수 없었던
미지와 대화하도록 이끈다.

침묵은 공포스럽다. 침묵은 멈춤 상태가 아닌, 파도치는 움직임, 마지막에 대한 암시, 고정된 정체성들의 폐기장이다. 참된 침묵은 현재의 모든 이해를 부끄러움으로 만들고, 확신을 잃어버리도록 하며, 잘 알려지고 받아들여진 현실 바깥으로 우리를 밀어내고, 지금껏 받아들일 수 없었던 미지와 대화하도록 이끈다.

침묵은 회의주의를 끝내는 것이 아니라 이를 별 상관없게끔 만든다. 믿음이나 불신, 혹은 이전에 연습했던 이야기는 나무 위 바람을, 분주한 항구의 먼 기적 소리를, 당황한 연인의 집중하는 시선이나 귀를 만나게 된다.

침묵 속에서 핵심은 핵심 그 자체에 대해 알려 주고 일방적인 무장 해제를 요구한다. 경계선의 방어가 파괴되고 조각나면서 우리의 핵심적 본성이 서서히 모습을 드러낸다. 애초에 고요함에 들어갔던 존재와는 다른 사람의 것인 듯 달라진 귀, 더 주의 깊은 눈길, 너무 빨리 결론에 이르기를 거부하는 상상력을 발휘하며 경청하는 동안 우리는 미지의 현재 및 단단한 취약성이라는 관문을 통과하고 소란한 경계면이 소멸되면서 대화에 참여하기 시작한다.

고요함에서 세상의 순수한 존재 형태가 드러난다. 이 존재 형태는 한 번의 호흡에, 한 번의 호흡과 동등한 경청에, 근원적 힘들에 대한 경청에 대해 움직이는 내적 대칭을 요구한다.

깊이 침묵하는 것은 멈추는 것이 아니라 파도처럼 움직이는 것, 나름의 독특하고 핵심적인 특성을 지니고 오고 가는 것이다. 우리 시야와 삶을 벗어나 흐르는 바다나 비, 강물이라는 배경처럼 다 말해지지 않는 이야기가 되는 것이다.

현실은 우리에게 절대적으로 존재하라고, 그리고 절대적으로 놓아 버리라고 요구한다. 덧없는 것과 영원한 것을, 만질 수 없는 것과 온전히 만질 수 있는 것을, 육체에 나타나는 것과 사라지는 것을, 평온한 항복과 포기를 동등하게 대하며 살아가라고 요구한다. 노력 없이 쉽게 답을 얻어 내려 하기보다는 더 용감하고, 더 관대하며, 더 여기 이곳에 살고자 하는 새로운 정체성을 요구한다.

47

위안

실망이 환영받고 다시 자리 잡게끔 해 주는

상상 속의 넓은 집이 위안이다.

위안은 극도로 힘들고 추한 순간에 우리 자신, 우리 세계, 우리 서로에 대해 아름다운 질문을 던지는 기술이다. 누구의 삶에든 그 어떤 노력에도 닥치기 마련인 고통과 상실을 마음이 더 이상 견딜 수 없을 때, 오랜 기다림이 인식 가능한 형태로 열매 맺지 못했을 때, 사랑하던 사람이 사라질 때, 희망이 그려 온 것과 다른 모습으로 만들어질 때 우리는 위안을 찾아야 한다.

실망이 환영받고 다시 자리 잡게끔 해 주는 상상 속의 넓은 집이 위안이다. 삶이 어떤 방법으로도 더해져 커지지 않을 때 우리는 단순히 계산되는 삶을 절대 원치 않는 우리 안의 특정 부분을 바라보아야만 한다.

위안은 우리 몸이 타고난 토대적 지혜, 우리가 유한한 존재이고 떠나감을 받아들여야 한다는 점을 이미 아는 그 지혜에 주목해야만 찾아온다. 보고 듣는 모든 것을 견디기 어려운 순간, 심지어는 누군가의 죽음 소식을 접한 순간, 그 지혜는 우리를 머리 위 나무에 앉은 새들의 노래로, 아침을 알리고 애도를 전하는 소리의 음 하나하나로, 계속 이어지는 삶의 흐름으로 우리를 이끈다. 더 나아가 막 사라진 삶, 사라지는 시점까지 제대로 보거나 평가하지 못했던 그 삶을 가장 아름답게 간직하고 축하하게 해 준다.

위안 받는 것은 우리의 불가피한 소멸이 발 딛고 선 무섭지만 아름다운 대지로, 달콤한 돌려 말하기 따위 없이 우리 고통과 상실의 핵심을 찌르는 목소리 쪽으로 향하는 것, 그리하여 우리가 삶과 죽음을 동등하게 받아들여 해방되도록 하는 것이다.

위안은 회피도, 고통의 치유도, 정돈된 마음 상태도 아니다. 위안은 정면으로 바라보고 참여하는 것, 우리가 늘 그 일부가 되는 오고 감 혹은 탄생-소멸의 아름다움을 축하하는 것이다. 위안은 대답이기보다는 고통과 고난의 문을 통과해 세상의 아프고도 아름다운 심연으로 들어가게끔 하는 것이다. 그 심연은 전략적인 마음으로는 잡을 수도, 느낄 수도 없다.

위안을 찾는 것은 더 날카롭고 강력한 질문 던지기를 배우는 것이다. 이것은 우리 정체성, 우리 몸, 남들과의 관계를 다시 형성하는 질문, 어쩌면 답이 나오지 못할 질문이다. 상실 속에 서 있지만 압도당하지는 않을 때 우리는 더 유용하고 더 관대하고 더 재미있는 동반자가 될 수 있다. 이 외에도 위안은 아주 직접적이고 강력한 질문을 던진다. 불가피하게 동반될 손실을 어떻게 견딜 것인가? 세월이 흐르는 동안 그 기억을 어떻게 참아 낼 것인가? 더욱 중요하게는 당신을 낳고 빛으로 이끌었으며 (이제 막 이해하게 되었듯이) 결국 사라지게 할 이 세상만큼 그만큼 아름답고 멋진 삶을 어떻게 만들어 갈 것인가?

48
터치

우리는 어떤 형태로든 터치를 간절히 원한다.
살갗에 닿는 풀잎, 살랑거리는 바람, 누군가가 손잡아 주는 것,
이전까지 두려워하던 어떤 깨달음과의 부드러운 첫 접촉 등을.

터치는 자기가 아닌 다른 것 혹은 다른 사람과 만나는 일이다. 우리는 어떤 형태로든 터치를 간절히 원한다. 살갗에 닿는 풀잎, 살랑거리는 바람, 누군가가 손잡아 주는 것, 이전까지 두려워하던 어떤 깨달음과의 부드러운 첫 접촉 등을. 홀로 있음, 침묵, 멀리 떨어져 걷기 등을 거쳐야 얻을 수 있는 터치라 해도 말이다.

보이는 것만 터치하든, 보이는 것의 장막 뒤에 놓인 수수

께끼까지 터치하든 우리는 끊임없이 만나고 교류하도록, 그러면서도 물리적으로나 상상 차원으로나 일관된 몸과 마음을 유지하도록, 이 과정에서 그 몸과 마음이 다시 발견되고 터치되도록 만들어진 존재다. 세상과 마주한 우리는 달려들어 부딪히고 깎여 나가야 하는 존재다. 사랑의 시도를 통해, 고통을 통해, 행복을 통해, 세상을 거쳐 가는 매일의 단순한 움직임을 통해. 다른 한편 세상도 우리를 터치한다. 그중에는 우리 신체나 안전 욕구를 침해하는 터치도 있다. 자연재해, 가슴 찢어짐, 질병, 죽음까지.

고대 세계에서 신의 터치는 축복이자 동시에 침해로 여겨졌다. 세상에 살아 있다는 것은 그 세상에 의해 발견된다는 뜻이고 때로는 예기치 못한 방식으로 핵심부를 터치당하는 경험이었다. 신체를 지니고 성장하면서 우리 모두는 그 세상에 의해 공격당하고 깊은 상처를 입는다. 그러면서도 여전히 터치 가능하고 감각 가능한 이 세상 속에서 살고 숨 쉰다. 트라우마와 슬픔, 회복을 통해 우리는 다시금 제대로, 상호 신뢰의 교류를 통해 신체가 정화되는 터치를 받을 수 있게 된다.

새로운 현재로 신체가 이동하는 것을 가로막는 것은 죽음 외에는 없다. (물론 모든 문화권에서 죽음은 또 다른 절대적이고 친밀한 만남의 형태로 여겨진다.) 각각의 현재에 새로이 존재하도록, 터치되고 발견되도록, 세상이 신체적 삶에 가하는 강렬한 결과를 겪어 내도록 우리를 이끄는 나이 듦, 그리고 시간에 대한 관찰을 가로막는 것 또한 아무것도 없다.

터치할 수 없고 취약하지 않은 정체성 구축이란 결국 세상에서 도피한다는 신호, 나약함의 신호, 강함이 아닌 두려움의 신호일 뿐이다. 그리하여 이는 근원적이고 필요한 현실 이해, 즉 터치가 없으면 우리가 소멸하고 만다는 점을 받아들이지 못하게 한다.

49

무조건

> 무조건적 사랑은 절대 도달할 수 없는 꿈이지만
> 필요한 목적지다.

온전하면서도 무조건적 사랑은 있을 수 없다. 무조건적 사랑은 절대 도달할 수 없는 꿈이지만 필요한 목적지다. 우리는 살다가 죽는 유한한 존재이고 무엇을 어떻게 사랑할지는 인생 드라마 속 위치에 따라, 살고 죽는 시기에 따라 조건적이다. 흔히 무조건이라는 완벽의 경지를 기준으로 사랑을 신성시하고 숭고하게 여기지만, 인간 세상에서 사랑을 참된 것으로 만드는 것은 도달 가능성이 아니라, 움직이고 투쟁하면서 원하는 그 지평과 우리가 이어가는 대화에 있다. 순전히 영적이고 무조건적인 사랑에 대한 희망 혹은 선언은 실상 면역과 안전을 원하는 욕망, 취약성이나 무력감의 고통을 무력화하려는 시도인 경우가 많다. 이는 인간관계, 결혼, 자녀 양육, 일 등 우리가 사랑하고 원하는 곳에서 우리를 단련시켜 주는 경험을 포기해 버리는 셈이다.

무조건적 사랑에 대한 희망은 우리에게 주어진 것과는 다른 삶에 대한 희망이다. 사랑은 혹독한 실망, 그리고 도달과 충만이라는 상상 사이의 대화다. 이 대화를 어떻게 만들어 가는가가 실제 사는 세상에서 사랑할 능력의 토대가 된다. 인간의 사랑이라는 기적에서 드러나는 특징은 무력감이다. 더욱 기적적인 것은 그 무력감이 자녀, 연인, 일, 길 등을 열렬히 사랑하는 과정에서 알고든 모르고든 스스로 선택한 것이라는 데 있다.

사랑의 길은 아름다운 굴욕을 통해, 실망을 통해, 구속을 통해 이어지는 법이다. 우리 자신이나 남들의 이상한 행동 혹은 세상의 흐름에 의한 구속이다. 한때 안정적이었던 삶이 존재의 기상 변화로 인해 산산이 부서지는 것이다.

무조건적 사랑은 우리가 희망하는 아름다운 불가능이다.

하지만 완벽함에 대한 희망이라는 렌즈를 통해 보아야만 우리 무력감의 본질을 온전히 이해할 수 있다. 우리는 자신이 원하는 것과 우리를 원하는 것 사이에서 하나를 선택하는 존재가 아니다. 원함과 원해짐 사이의 움직이는 경계에서 살아갈 때만이 사랑의 취약성을 온전히 체험할 수 있다. 원하든 원치 않든 매일 이런 경험을 하면서 우리는 단단한 취약성이라는 심오한 인간적 세계에 들어간다. 때로 기쁘지만 힘겨울 때가 더 많은 무력감에 가득한 채로. 조건적 세상에서 스스로를 위험에 빠뜨리기도 하고 고난이며 즐거움, 가슴 찢어짐을 경험하지 않고 갈 수 있는 길은 없다는 점을 받아들이게 된다. 압도하는 사랑, 마음 불편한 사랑, 보상으로 주어지는 사랑 등 각각의 사랑 형태가 요구하는 조건 앞에 무조건적으로 자신을 바치는 것만이 유일하게 가능한 길일 것이다.

50
짝사랑

인간이 경험하는 대부분의 사랑이 짝사랑이다.

인간이 경험하는 대부분의 사랑이 짝사랑이다. 온전히 되돌려 받고 싶다는 마음은 사랑의 가능성 자체를 차단해 버릴 수 있다. 되돌아온 사랑은 준 사랑과 다르다고 여겨지는 일이 많으므로 결국 짝사랑이 일반적인 모습이 되고 만다. 주었던 사랑과 똑같은 양과 질의 애정이 시간이 지난 후에 돌아오는 것이 애초부터 가능한 일일까? 모든 사람은 서로 다른 독특한 사랑을 한다. 서로 다른 꿈과 희망을 지니고 자신만의 특별한 삶에서 특별한 문턱을 넘어가 사랑에 빠진다. 다음 몇 해 동안의 생존을 위해 필요한 자질도 사람마다 다르다. 우리가 받고 싶은 바로 그 사랑을 줄 수 있는 사람이 누가 있겠는가? 또한 주어진 삶의 모든 굴곡과 방향 전환에도 불구하고 우리가 지속적이고 적절한 형태의 애정을 퍼부을 수 있는 그런 상대는 대체 누구겠는가?

상호 간의 사랑은 나타날 수 있지만 일시적인 아름다운 축복에 불과하다. 하늘의 같은 부분에서 별들이 조화롭게 배치되는 일은 드물게 일어나는 축복이다. 오랜 주기에 단 한번 일어나는 그런 수확을 진정하고 지속적인 애정 관계에서 늘 느껴야 하는 상태로 여긴다면 마음에 부담을 느낄 수밖에 없다.

낭만적인 것이든, 이웃을 자기 몸처럼 아끼려는 것이든, 크고 먼 절대자에게 바치는 것이든 사랑이 주었던 방식 그대로 돌아오는 경우는 거의 없다. 그 선물은 거의 인식하지 못할 방식으로 돌아온다. 똑같은 사랑을 돌려받지 않는 한 사랑하지 않겠다고 거부하는 인간은 실망과 스스로에 대한 구속 안에서 살게 된다. 결혼이라는 부담, 부모 노릇의 어려움, 상상하는 미래 삶과의 관계 등 어디서든 마찬가지다. 연인, 자녀, 신에게 품는 희망 등에서 돌려받는 방식을 통제하겠다는 바람을 버리는 것, 정확하게 돌려받기를 기대하는 데서 빚어지는 자연스러운 실망을 극복하는 것은 중요한 훈련이다.

빛나는 예외적 순간을 제외하고는 사랑이 늘 한 방향으로, 내 쪽에서 주는 것으로 존재할 수밖에 없는 그런 세상에 우리는 살고 있는지도 모른다. 그리하여 사랑이란 주고 떠나보내는 것임을 깨닫고, 영원히 간직하고 싶은 바로 그것을 포기하는 가장 어려운 희생을 각오하는 것이야말로 어렵지만 귀중한 선물일지 모른다.

51
취약성

취약하지 않으려는 노력은

우리 아닌 다른 존재가 되려는 허망한 시도이자

남들의 슬픔을 이해하지 못하도록

스스로를 차단하는 행동이다.

취약성은 나약함도, 일시적 병증도, 없이 살아갈 수 있는 무언가도 아니다. 취약성은 선택 사항이 아니다. 우리의 자연적 상태 아래에서 늘 넘치도록 흘러가고 있다. 취약성에서 도망치는 것은 본성의 핵심에서 도망치는 것이고 취약하지 않으려는 노력은 우리 아닌 다른 존재가 되려는 허망한 시도이자 남들의 슬픔을 이해하지 못하도록 스스로를 차단하는 행동이다. 더 심각한 문제는 취약성을 거부하면 우리 존재의 위기 상황에서 필요한 도움을 거부하게 되어 정체성의 핵심인 대화적 토대가 마비되어 버린다는 데 있다.

모든 사건과 상황에 대해 잠깐이나마 독자적 통제감을 느끼는 것은 사랑스러운 환영(幻影)의 특권이며 인간, 특히 그중에서도 젊은이가 만드는 최고이자 가장 아름다운 자만심일 것이다. 하지만 바로 그 젊음이 사라지고 건강 악화, 사고, 침범 불가능한 권력(죽음을 앞둔 마지막 호흡과 함께 단호하게 버려지는 권력)을 공유하지 못한 연인의 상실 등을 경험하면서 특권은 포기되어야 한다.

성숙하면서 할 수 있는 유일한 선택은 어떻게 취약성과 살아갈 것인가, 소멸하는 존재로서 어떻게 더 크고 용감하며 더 공감할 것인가 뿐이다. 상실을 수용하는 너그러운 시민으로서 단단하고 온전히 취약성을 받아들일 것인가, 아니면 반대로 구두쇠와 불평꾼으로서 늘 존재의 문간에 서서 들어가지도 못하고 스스로 위험을 감수하지도 못한 채 주저하고 두려워만 할 것인가의 문제다.

52

취소

우리는 잘못된 일에 매달려 있는 경우가 참으로 많다.
그냥 간단하게 빠져나오면 되는데 말이다.

취소는 앞으로 나아가서 제대로 해내기 위한 최고의 방법일 수 있다. 아름답게 자유를 찾는 이 자비로운 기법은 끊임없는 행동과 참여가 강조되는 요즘 시대에 평가 절하되고 있다. 우리가 매달리는 것이 무엇이든, 그것이 가장 고결한 목표라 해도 중심적인 대화가 상실되고 애초에 아주 간단했던 것의 복잡한 바깥쪽에서만 분주한 꼴이 되기 일쑤다. 취소는 얼핏 소멸처럼 보일지 몰라도 실은 그렇지 않다. 묶여 있던 상태를 취소하는 것은 매우 현실적인 방법으로 세상에 다시 등장하는 것, 그리고 가장 중요하고 핵심적인 길을 다시 시작하는 것일 수 있다.

삶이 아름답고 매혹적인 방해물이 되고자 작정한 듯 보이긴 해도 (우리가 남과 자신을 시험하고 상호 신뢰를 시험하며 남들에게 방해물이 되는 것과 마찬가지로 말이다.) 그 방해의 춤에 참여하다 보면 핵심 토대, 핵심적 인간이나 핵심적 일로 되돌아가는 우리 능력이 더 현실적으로, 더 필요하게 된다.

우리는 잘못된 일에 매달려 있는 경우가 참으로 많다. 더 노력하면 성과가 나올 것 같아서가 아니라 작정한 인생 이야기를 포기할 수 없기 때문에 그렇다. 우리를 가둔 덫에 의미를 부여하려 애쓰면서 한층 얽혀 버리기도 한다. 그냥 간단하게 빠져나오면 되는데 말이다.

온전히 갑자기, 때로는 단호히 우리 자신을 없애 버리는 것은 자유를 얻기 위한 실제적이고 극도로 용감한 결단이다. 우리한테 꼭 맞게 마련된 것처럼 보이던 수렁에서 빠져나옴으로써 거짓 적, 거짓 친구, 그리고 무엇보다도 거짓 자아 개념을 떨쳐 내는 과정이 시작된다. 우리 자신과 세상을 더욱더 근본적으로, 그리하여 선명하게 보는 정화가 가능해진다.

취소는 사라지기 위함이 아니라 또 다른 토대에서 바라보기 위함이다. 더 탄탄한 토대에서 걸음을 내딛고 입을 열어 더 명료하고 편안한 목소리로 달리 말하기 위함이다. 그럴 때 우리 삶은 갑자기 분명한 문장으로 바뀐다. 우리 자신의 것으로 인식할 수 있는 것, 취소하고 싶은 마음이 전혀 들지 않는 것으로 변모한다.

지은이 **데이비드 화이트**

아일랜드인 어머니에게서 흔들리지 않는 기질과 풍부한 상상력을 물려받은 데이비드 화이트는 영국 요크셔의 산과 계곡 속에서 뛰어놀며 자랐다. 이러한 유년 시절 덕분에 그는 자연에 깊은 관심을 갖게 되었고, 해양 동물학 학위를 받았다. 대학을 졸업한 후, 세계 여러 지역을 여행했으며, 갈라파고스 섬에서 가이드로 일하며 살기도 했다. 또한 안데스 산맥과 아마존, 히말라야 등에서 인류학 및 자연사 탐사를 하기도 했다. 그는 자신의 이러한 경험들을 독자들에게 글로 전하고 있다. 그가 쓴 시집으로 《세상 속의 불길 Fire in the Earth》, 《소속감을 주는 집 The House of Belonging》, 《모든 것이 당신을 기다리고 있습니다 Everything is Waiting for You》, 《강물은 넘쳐 흐른다 River Flow》, 《순례자 Pilgrim》, 《당신 안의 바다 The Sea in You》 등이 있으며, 산문집으로 《깨어난 마음 The Heart Aroused》, 《미지의 바다 건너에 Crossing the Unknown Sea》, 《세 가지 결혼 The Three Marriages》 등이 있다. 2008년 봄, 미국 펜실베니아의 뉴먼 대학에서 명예 박사 학위를 받았다.

옮긴이 **이상원**

서울대학교 가정관리학과와 노어노문학과를 졸업하고 한국외국어대학교 통번역대학원에서 석사와 박사 학위를 받았다. 현재 서울대학교 기초교육원 강의 교수로 글쓰기를 비롯한 교양 강좌를 운영한다.

《첫사랑》, 《살아갈 날들을 위한 공부》, 《안톤 체호프 단편선》, 《적을 만들지 않는 대화법》, 《콘택트》, 《레베카》 등 90여 권의 번역서를 냈고 저서로 《서울대 인문학 글쓰기 강의》, 《매우 사적인 글쓰기 수업》, 《엄마와 함께한 세 번의 여행》, 《번역은 연애와 같아서》 등이 있다.